U0596795

助力起航

幼儿园见习教师
规范培训的课程实践

俞文珺 ◎ 主编

上海三联书店

目 录
CONTENTS

◆ 序　　　　　　　　　　　　　　　　　　　　　001

◆ 前言　　　　　　　　　　　　　　　　　　　007

◆ 第一部分　师德修炼　带上职业信念起航　011

◎ 如何做一个有职业素养的幼儿教师?　│ 013

（一）全身心地热爱幼儿、热爱幼儿教育事业 │ 014

（二）尊重教师集体和家长 │ 015

（三）要有高尚的道德品质，做幼儿表率 │ 016

（四）要具有不断更新教育理念和教育技能的能
　　　力 │ 017

● 案例分享　如何严守职业底线，廉洁育人? │ 018

● 案例分享　如何平等关注到每一个孩子? │ 021

● 案例分享　接手新班级，如何赢得幼儿的喜爱与信
　　　任? │ 023

◆ **第二部分　保教结合　融职业规范于实践**　　**027**

◎ 一、活动设计 | 029

（一）怎样制定一份集体学习活动详案？ | 029

● 案例分享　如何制定集体活动目标,有效地提升幼儿的
　　　　　　　经验？ | 032

● 案例分享　如何提高教师的活动设计能力？ | 033

● 案例分享　如何让备课更有效,而不同于背课？ | 035

（二）如何观察分析幼儿？ | 038

● 案例分享　对于比较难控制自我情绪的孩子,该如何引导？
　　　　　　　 | 044

● 案例分享　如何跟踪引导有多动倾向的孩子？ | 047

● 案例分享　如何看待新学期幼儿习惯反复的情况？ | 050

● 案例分享　如何给"慢动作"的孩子加速？ | 052

● 案例分享　如何引导中班幼儿乐于交往？ | 055

（三）个案分析与研究怎么写？ | 057

● 案例分享　教师面对具有攻击性行为的幼儿应采取何种
　　　　　　　措施？ | 064

● 案例分享　如何正确对待幼儿的好奇心？ | 065

● 案例分享　如何打开孩子"不合群"的心理？ | 068

◎ 二、计划制定 | 069

（一）如何制定班级学期计划、月计划？ | 069

（二）如何制定周日计划？ | 072

◎ 三、保教实践 ◆ 生活 | 074

（一）来园接待教师该做什么？ | 074

（二）如何指导幼儿盥洗？ | 079

● 案例分享　如何正确引导不愿洗手的幼儿？ | 085

（三）如何培养幼儿良好的进餐习惯？ | 088

● 案例分享　对于不愿意主动为自己倒牛奶的幼儿该怎么办？ | 091

● 案例分享　怎么帮助幼儿掌握筷子的使用方法？ | 092

● 案例分享　如何帮助挑食幼儿逐步改变饮食习惯？ | 094

（四）如何让孩子爱喝水？ | 097

● 案例分享　如何让小班宝宝爱喝水？ | 100

（五）午睡时教师要关注什么？ | 102

● 案例分享　如何在午睡时把握帮助幼儿的尺度？ | 111

● 案例分享　如何让小班的孩子安静、愉快地入睡？ | 114

● 案例分享　大班孩子入睡难，该怎么办？ | 115

● 案例分享　如何创设卧室环境？ | 118

（六）幼儿如厕时教师如何指导？ | 119

● 案例分享　教师在向幼儿说指导语时，应该注意什么？ | 125

● 案例分享　午睡时如何正确对待幼儿的如厕要求？ | 127

● 案例分享　如何帮助中班幼儿养成良好的如厕礼仪？ | 129

● 案例分享　如何帮助幼儿顺利在园如厕？ | 131

（七）如何有序组织离园活动？ | 133

◎ 四、保教实践 ◆ 运动 | 137

（一）如何组织户外运动活动？ | 137

● 案例分享　在运动中教师如何运用语言指导幼儿积累运动经验？ | 140

- 案例分享　在运动中如何支持幼儿敢于挑战？　│ 143
- 案例分享　如何帮助大班幼儿在运动中养成自主擦汗的习惯？　│ 145

（二）如何组织室内运动活动？　│ 147
- 案例分享　如何引导幼儿一物多玩？　│ 150

（三）运动中的安全要注意些什么？　│ 151
- 案例分享　运动中如何关注每一位幼儿的安全？　│ 155

◎ 五、保教实践 ◆ 游戏　│ 158

（一）怎样投放游戏材料？　│ 158
- 案例分享　游戏中如何处理幼儿争夺材料的行为？　│ 160
- 案例分享　如何指导幼儿安全使用材料？　│ 162

（二）教师何时需介入角色游戏？　│ 164
- 案例分享　如何让幼儿的游戏行为更安全？　│ 168
- 案例分享　面对中班孩子间的纠纷，教师该如何干预？　│ 169
- 案例分享　如何关注"被告状幼儿"的情感？　│ 171

（三）如何进行角色游戏后的分享交流？　│ 173
- 案例分享　如何在游戏分享环节合理安排幼儿座位？　│ 176
- 案例分享　如何在观察中选取有价值的内容进行分享交流？　│ 178
- 案例分享　如何在分享交流中调动幼儿积极性？　│ 183

◎ 六、保教实践 ◆ 学习　│ 185

（一）如何组织集体学习活动？　│ 185
- 案例分享　教师如何根据集体活动的不同特质，有效设计结尾环节？　│ 189
- 案例分享　如何在评价幼儿美术作品中进行正向引导？　│ 192

● 案例分享　如何提升幼儿的问题意识？　│ 194

（二）个别化学习环境创设要注意什么？　│ 196

● 案例分享　在个别化学习中,如何有序放置材料便于幼儿
　　　　　　　操作？　│ 199

● 案例分享　教师该如何赋予学习材料多元的价值？　│ 201

● 案例分享　材料对幼儿不再有挑战性了怎么办？　│ 203

● 案例分享　如何在个别化学习中支持孩子自主学习？　│ 205

● 案例分享　在分享交流环节,教师该如何帮助孩子仔细倾听？
　　　　　　　│ 207

◆ 第三部分　家园共育　教师与家长并肩同行　211

◎ 一、如何开展一次有效的家访？　│ 213

● 案例分享　新教师如何取得家长的信任？　│ 217

● 案例分享　当孩子在园发生小意外时如何与家长沟通？　│ 219

二、如何制定家园共育主题活动方案？　│ 222

● 案例分享　如何在家长半日开放活动中指导家长正确评
　　　　　　　价自己的孩子？　│ 224

三、如何填写家园联系册？　│ 227

● 案例分享　遇到过度保护孩子的家长该怎么办呢？　│ 232

● 案例分享　如何让家长正确看待"五角星"？　│ 234

● 案例分享　如何与家长沟通孩子的在园表现？　│ 236

◆ 第四部分　教学研究　点亮专业成长的灯塔　239

◎ 一、如何制定个人规划？　│ 241

● 案例分享　如何有效进行听课记录？　│ 243

● 案例分享　如何记住幼儿园的各项工作任务并按时完成？　│ 246

- 案例分享　如何让新教师的语言具有吸引力？　│ 248
- 案例分享　教师到底应该多一分等待，还是多一分干预？　│ 251

二、如何做好班务工作？　│ 253

- 案例分享　组织幼儿离开教室外出时，如何兼顾每一个孩子？　│ 257
- 案例分享　对孩子进行批评时应注意什么？　│ 259
- 案例分享　如何对待孩子的告状？　│ 262
- 案例分享　孩子不愿意担当值日生工作，该如何引导？　│ 263
- 案例分享　如何帮助小班幼儿找到自己的座位？　│ 266
- 案例分享　大班如何开展值日生工作，激发幼儿的服务意识？　│ 268

第五部分　每日一问　回归幸福学习的港湾　273

一、专题讲座式培训　│ 275

- 案例分享　新生家访　│ 275

二、实践对比式培训　│ 276

- 案例分享　生活活动设计　│ 276

三、网络互动式培训　│ 281

- 案例分享　家长的需求　│ 281

四、伙伴合作式培训　│ 283

- 案例分享　交流分享　│ 283

五、情景模拟式培训　│ 286

- 案例分享　午餐指导　│ 287

后记　　291

序

　　俞文珺园长领衔并与其同仁们共同撰写的著作《助力起航——幼儿园见习教师规范培训的课程实践》即将付梓,作为其多年的好友,我为她欣喜,为她兴奋,为她祝贺。俞园长为幼儿教育事业,为优秀幼儿园教师的成长呕心沥血,始终执着于探寻幼儿教育研究与创新的道路,始终致力于关注如何为幼儿创设幸福、安全、自由且具有一定挑战意义的教育环境,始终勤勉于探索与总结帮助教师成为一名幸福而不断超越自我的反思实践型教育者。廿余载栉风沐雨,俞园长躬耕不辍,轮驰不停,含辞若吐,侃侃訚訚,沉潜往复,悠悠蕙心,她秉承"育生命成长,蕴品性启蒙"的办园理念,带领着全体幼儿园教师边实践、边探索、边思考、边总结,取得了一项又一项的硕果,特别是《新教师每日一问的培训设计实践研究》获国家教育部"以园为本教研制度建设项目"上海市成果一等奖,出版的《孩子,你会倾听吗?》获上海市基础教育成果一等奖。

　　初识俞文珺园长是在七八年前,当时任职于上海市教育科学研究院、上海市教育科学规划办的劳南怡老师带我去考察豪园幼儿园,她特意向我引荐俞文珺园长,并饱含深情地告诉我,"俞园长是一位十分勤奋、优秀、有思想、肯实干的好园长"。劳老师是我很钦佩的一位学前教育研究的老前辈,她为人谦和慈祥、和蔼可亲,我最初以为是劳老师的溢美之言,但在与俞园长的数次微信联系之后,我深深地为俞园长对于幼儿教育事业的热忱所打动,并为她每一次辛勤耕耘之后的高质量的成果与作品而赞叹。《助力起航——幼儿园见习教师规范培训的课程实践》即是她为解决成千上万名青年教师在其事业起步时的专业困惑而研究与探索的结晶:"在新教师的教学生涯开始时,会发生许多看上去很普通、大家都习以为常的问题,然而,这些问题的发生原因很可能正是她们专业发展的瓶颈所在。因此,对这些问题进行专业判断,能让教师收获高峰体验,能提升教师的专业判断力。教育问题一旦经过了专业判断,就具备了普遍意义。"这段话讲得非常好,教师对教育活动中诸多问题的"专业判断"就是运用其专业能力与智慧的"反思",美国学者波斯纳(Posner)曾提出过一个著名公式:教师发展 = 经历 + 反思,意思是说,教师在成长过程中会经历或遭遇许多教育生活,如果没有有效的"反思"的历程,他的经历也只是一次"经历"而已,而没有内化为真正影响自己行动的"经验"或"智慧"。俞园长就十分注重帮助青年教师通过"每日一问"反思自身的教育实践。教师的"每日一问",既蕴含着教师对专业判断的困惑,又意味着教师成长与突破的空间所在,因而它是具有"培训"的价值的。"这里的专业判断包括专业敏感、实践性判断（可以怎么做）和诊断性判断（为何这样做）。这样的培训它的好处是：要对问题的理解由浅层走向深层、由事例走向事理、由知识走向智慧，知道'如何做'的步骤与策略，也知道'为什么这样做'的原因与理由。"不仅要知其然，而且要知其所以然，这与《列子学射》中的精神是多么地一致："子列子常射中矣，请之于关尹子。关尹子曰：'子知子之所以中乎？'答曰：'弗知也。'关尹子曰：'未可'。退而习之三年，又请。关尹子问：'子知子之所以中乎？'子列子曰：'知之矣。'关尹子曰：'可矣，守而勿失也。'"

概而言之，这一力作有两个显著特点。一是注重青年教师的反思，特别是"价值理性"之思。反思是"唤起教师主体意识、实现教师主动学习"的心理原动力。"思能够指导我们的行动，使之具有预见性，并按照目的去计划行动。……我们心中想到了行动的不同方式所导致的结局，就能使我们知道我们正在干什么。反思把单纯意欲的、盲目的和冲动的行动转变为智慧的行动。"法国著名的社会学家布尔迪厄（Bourdieu）提出思可以克服教师的教育惯习。教育惯习是教师在教育过程中常常出现的下意识行为，它是一种教师认为想当然可以采用的教育方法的定势性行为，是教师习以为常的教育观念、方法和行为的延续。教育惯习也可以说是教师的一种惰性，是一种不想、不愿、不肯对自己的教育活动进行深入思考与调整的一种惰性。此书正说明了反思是克服教育惯习的一种有效方式。

更难能可贵的是,这部著作不仅突出反思的重要性,而且特别注重价值的反思、解放的反思。以往关注教师的反思往往滞留于技术层面,例如,教师常常会有意识地去思考如何设计好一次集体教育活动,如何控制好课堂教育活动的秩序,如何通过改进教育方法或技能去帮助幼儿掌握"知识点",而较少反思:我为何要开展这些内容的教育而不是其它内容? 我可否根据幼儿的兴趣调整教育内容? 课程大纲的这些教育目标和内容对幼儿当下及未来的幸福而言究竟意味着什么呢? 我与孩子们相处得愉快吗? 我是否具有"教育非它,乃心灵转向"的力量? 为什么会有孩子怕我、躲着我,不敢和我交谈,不愿和我说知心话? 我真的懂得就比孩子们多吗? 我是否可以自然地走进孩子们的内心世界呢? 这些反思,是属于西方马克思主义哲学(也称法兰克福学派)第二代旗手哈贝马斯(Habermas)所提出的"解放的反思"或"价值的反思"。

二是注重青年教师的心灵成长,而不仅仅是学科知识与专业技能的提升。2014年9月9日,习近平总书记在同北京师范大学师生座谈时指出,"教师重要,就在于教师的工作是塑造灵魂,塑造生命,塑造人的工作。一个人遇到好老师是人生的幸运,一个学校拥有好老师是学校的光荣,一个民族源源不断涌现出一批又一批好老师则是民族的希望"。习近平总书记提到的"三个"塑造皆与教师的精神成长密切相关。同样,约翰·古德莱德撰写的,荣获美国教育研究协会1985年杰出著作奖的作品《一个称作学校的地方》也将教师的精神成长列为学校发展的动力所在。而很长一段时间,我们师资培育的问题即在于:过于注重学科教学知识、领域教育技能、音体美画才艺等的传授,而对塑造教师美好而优雅的心灵,陶冶教师具有吸收力的心智,砥砺教师形成以善致善的心性,等等,这些涉及内在精神的方面,则缺乏足够的关注与重视。2014年底,《教育部关于实施卓越教师培养计划的意见》出台,2018年10月,教育部又印发了《关于实施卓越教师培养计划2.0的意见》。在我们看来,卓越教师的推出,就是要更加关注青年教师的精神成长。迈入新的时代,青年教师要重点打造三大角色:慈幼护生、修身立教和成为转化型知识分子。具体体现在:为儿童,当懂得"人是存在的看护者",当精心呵护、丰富、滋养儿童求真、向善、乐美的心灵世界;为自己,当拥有优雅而美好的精神世界,"腹有诗书气自华";为社会,当具有孟宪承曾提出的现代教师三大使命与精神——智慧的创获、品性的陶熔、民族和社会的服务。

《助力起航——幼儿园见习教师规范培训的课程实践》不仅是俞园长及其同仁多年心血的结晶,更是一部指引青年教师专业成长的指导手册,"每一部分都有指导教师可参考的培训文稿,让指导教师可以把握培训内容的要点,根据新教师的问题开展有针对性的培训"。相信此书的出版是广大青年幼儿园教师们的佳音,会成为青年教师们成长的"脚手架",助力其专业成长,帮助每一位青年教师得以拥有一双能够振气翱翔的"隐形的翅膀"。

相信此书的出版将成为俞文珺园长及其同侪的又一个新的

起点,相信他们一定能继续探索出新的教育改革成果,使诸多教师受益,广大孩童受益。

权以为序。

华东师范大学　姜勇教授

前　言

　　党的十九大报告指出,建设教育强国是中华民族伟大复兴的基础工程,必须把教育事业放在优先位置。我们以办好新时代人民满意的教育为宗旨,肩负新时代教育的新使命,希望通过本书帮助刚刚踏上岗位的新教师坚持教育自信,培养出一批有理想信念、有道德情操、有扎实学识、有仁爱之心的新时代"四有"好老师。

　　在新教师的教学生涯开始时,会发生许多看上去很普通、大家都习以为常的问题,然而,这些问题的发生原因很可能正是她们专业发展的瓶颈所在。因此,对这些问题进行专业判断,能让教师收获高峰体验,能提升教师的专业判断力。教育问题一旦经过了专业判断,就具备了普遍意义,而"每日一问"恰好具有三个基本要素——提问、专业判断和问题解决。

　　"每日一问"要成为"教师的培训内容",必须经过"专业判断",并且具有"培训价值"。通常由三部分内容构成:发生了什么、教师做了什么、结果是什么。这里的"专业判断"包括专业敏感、实践性判断(可以怎么做)和诊断性判断(为何这样做)。

这样培训的好处是：对问题的理解由浅层走向深层、由事例走向事理、由知识走向智慧，知道"如何做"的步骤与策略，也知道"为什么这样做"的原因与理由。

首先，"疑问"板块是在充分讨论"发生了什么教师做了什么、结果是什么"之后由教师提出，由组织者梳理并呈现。

再次，在讨论"可以怎么做"时，面对不一样的幼儿，不一样的教师选用的具体做法也会不一样。组织者也可呈现一些事先收集整理到的其他同行、专家的做法。

最后，讨论"何以这么做"，即为行动而做的专业判断，知道"如何做"的步骤与策略；诊断性判断，即为理解而做的判断，知道"为什么这样做"的原因与理由。一般来说，能够说出何以这么做的教师，大多为专家型教师，或是拥有一些诊断性判断力的经验型教师。能否讨论出何以这么做，需要教研活动的组织者拥有较为深厚的理论功底，以及理论联系实践的能力。

"每日一问"是教师教育的好载体。因为它聚焦于幼儿园教养工作中的疑难问题和问题判断，是强调有疑问但不限定背景、有解决的方案但不是唯一方案、有专业引领但不垄断话语权的开放式交流活动，教师能把自身放进自己的教学行为，在听听、想想、说说的参与过程中突破教学瓶颈。

我园是首批成为普陀区见习教师规范化培训基地的幼儿园。我们将《新教师每日一问的培训设计实践研究》成果和我园对新教师培训的经验转化为市区级"十二五"、"十三五"培训课程。其中,《为了新教师的教学生涯》师训课程内容一方面依据新教师的职业发展需求,从职业感悟与师德修养、活动设计与保教实践、班级工作与育儿体验、教学研究与专业发展四个方面和家长工作、计划制定等十八点深入展开。另一方面我们筛选了新教师的典型案例,作为新教师可以学习和积累的经验。市区级师训课程最终获得了领导与学员们的认可。为了符合新时代的教育需求,为了辐射更多的青年新教师群体,我们将培养"四有好老师"作为培训目标,将案例进行了动态更新,将培训内容加以优化整理,名为《助力起航——幼儿园见习教师规范培训的课程实践》,予以出版。本书由五个部分组成,每一部分都有指导教师可参考的培训文稿,让指导教师可以把握培训内容的要点,根据新教师的问题开展有针对性的培训。其中第五部分主要介绍了基于"每日一问"培训的五种培训形式,便于指导教师能在分析问题类型的基础上,设计出多元有效的培训方案,突显"每日一问"培训有载体、重聚焦、重参与、重开放的特点。

本研究得到了普陀区教育学院师训办和上海市见习教师规范化培训专家顾问的指导。由于水平有限,敬请专家读者赐教指正。

◆ 第一部分

师德修炼　带上职业信念起航

如何做一个有职业素养的幼儿教师？

幼儿教师的职业道德是指幼儿教师在从事教育劳动过程中，形成的比较稳定的道德观念和行为规范的总和。它是社会对幼儿教师职业行为基本要求的概括，是幼儿教师履行自己崇高的社会职责和顺利进行教育工作的保证。

以往，一提到幼儿教师，在人们的脑海中就会呈现"弹、唱、说、画、跳"的场面，认为幼儿教师只要具备以上基本功就能胜任自己的工作，并且是一名出色的幼儿教师。新纲要、新的课程改革对幼儿教师提出更高的要求，教师必须由过去的"教书匠"转化为"专家型、高素质、创新性、具有奉献精神与合作能力的人"，教师不再是一个"授业""解惑"的教书匠，而应成为教育教学的合作者、支持者和引导者。

而2018年教育部出台的《新时代幼儿园教师职业行为十项准则》对教师落实立德树人的根本任务提出了新的更高要求。《新时代幼儿园教师职业行为十项准则》中指出，教师需要进一步增强责任感、使命感、荣誉感，不断规范自己的执业行为，明确师德底线，努力成为"有理想信念"、"有道德情操"、"有扎实学识"、"有仁爱之心"的"四有好教师"。其具体表现为：

（一）坚定政治方向，自觉爱国守法，关心爱护幼儿，潜心培育人，对幼教的专业知识素养和信念、理想和职业道德有执着追求，热爱自己的职业并以此为荣。

（二）应该以"儿童教育"的研究者自居，善于吸收新课程所蕴含的理念,积极传播优秀文化,悉心研究儿童,遵循幼教规律,对于新课程实施过程中遇到的新问题,不是"等、靠、要",而是积极主动地在实践中不断进行批判性反思,追求教学的最高效益。

(三)加强安全防范、保障幼儿安全,秉持公平诚信、坚持廉洁自律,规范保教行为、尊重幼儿权益,在教师个人的发展性评价实践中,在与幼儿的共同学习生活中提高专业技能,获得专业的成长和发展。

除此之外,幼儿园教师还应具有以下几方面实践素养能力:

(一)全身心地热爱幼儿、热爱幼儿教育事业

热爱是最好的"师性",热爱幼儿是幼儿教师从事幼儿教育的最基本的品质,对孩子没有真正的爱,就不会有真正的教育。苏霍姆林斯基讲过:"教育技巧的全部奥秘也就在于如何爱护儿童。"俄罗斯大文豪高尔基也说过:"教育儿童的事业是要求对儿童有伟大爱抚的事业。"

现代心理学研究材料表明:学前儿童是在人与人的交往中成长,成人的爱抚对幼小儿童的身心健康发展是十分重要的,此在心理学上称为"皮肤饥饿"。幼儿对教师有种特殊依恋,教师的爱是一种巨大的教育力量和极其重要的教育手段。幼儿教师热爱幼儿不能出于个人情绪的偏爱,不是个人的好恶,不是自然的爱,而是理智的爱,尊重的爱,严格的爱。每个幼儿都是独特的个人,都具有不同的特点,所以幼儿教师要因材施教,使每个幼儿接受教育的潜能都得到发挥;教师要向幼儿提出正确的、一贯的要求,像专家

说的那样,让幼儿从小养成影响其一生的良好习惯。激发幼儿做好孩子的愿望,引导他们开展游戏、教育和各项有益活动,发扬他们的优点,耐心帮助他们改正不足之处,而不是溺爱或放纵的爱。

幼教事业是我国现代化建设的重要组成部分。幼教事业虽平凡但很伟大,它是与现代化建设与中华民族的伟大复兴目标联系在一起的。幼儿教师只有对幼儿教育事业工作有正确而深刻的认识,才会全身心地热爱幼儿教育事业,有光荣感、自豪感、使命感和责任感,才会发扬"俯首甘为孺子牛"的奉献精神,毫不吝惜自己的精力去帮助孩子的成长和进步,发展他们的体力、启迪他们的智力,把自己的一生献给孩子,献给幼教事业。

(二)尊重教师集体和家长

1. 幼儿教师要处理好个人与个人、个人与集体之间的关系,这是职业道德中的一项重要内容。

幼儿教师应尊重同事,善于团结协作,妥善处理与周围同事之间的关系,有健康、良好的心理素养和交往能力,善于交流、化解矛盾,以集体利益为重,与人为善、和谐。能意识到与他人合作的价值。看到他人长处,虚心学习,互相协作,互相团结,步调一致,才能形成良好的集体,才能更有利于教育目标的实现。

2. 家长的配合是了解幼儿、促进幼儿健康发展、提高教育效果的重要条件。幼儿教师应尊重幼儿家长,理解他们对子女的关心和期望的心情,帮助他们了解儿童教育的要求和内容,获得家长与幼儿园更好的配合,并参与教育工作。

3. 幼儿教师是社会的成员，一切言行还应符合社会公德和规章制度要求。积极主动开展工作，乐于助人，能与他人分享教育经验和教育成果；遵守社会公德；追求和创造愉快、健康、向上的氛围；有积极的生活态度和价值观。

（三）要有高尚的道德品质，做幼儿表率

教师的表率作用对幼儿的成长有特殊的影响。幼儿模仿性强，教师的行为举止就是他们直观的学习榜样，年龄越小的幼儿越是这样。苏联教育家加里宁曾说："一个教师必须好好检点自己，他应该感觉到，他的一举一动都处在最严格的监督之下，世界上任何人也没有受着这样严格的监督。孩子们几十双眼睛盯着他，须知天地间再也没有什么东西，能比孩子的眼睛更加精细，更加敏捷，对于人生心理上各种细微变化更富余敏感了，再也没有任何人像孩子的眼睛那样能捉摸一切最细微的事物。"这说明幼儿教师本身的表率作用是何等重要。因此，作为幼儿教师，她比任何职业的人更需要严格要求自己，衣着打扮符合幼儿园教师的职业特点，语言规范、健康，做事文明礼貌，言谈举止大方得体、为人师表。主要表现在：

1. 着装：幼儿教师的衣着打扮应符合教师职业的道德要求和审美标准，衣着做到素雅、美观、大方，大小得体，便于活动，颜色鲜艳，不同场合穿不同服装，既不过分陈旧、显得落伍，也不能追求奇装异服，要给孩子以美的熏陶。

2. 仪表体态（站姿、走姿、坐姿、交谈姿势手势）：幼儿教师的

仪表风度是指她的言谈举止、待人接物、步态手势、面部表情,以及衣着仪容等方面表现出来的行为方式和特征,它是教师个人道德情操的反映,是内心美的外在表现,是文明行为的组成部分,它直接对教育工作和幼儿的心灵产生影响。具体要做到姿态端正、大方、自然、规范,精神要饱满,健康向上,充满活力,日常生活化妆要求自然、大方、淡雅,与肤色衣服相匹配。

3. 语言:口语表达规范、清晰、准确,说普通话,语速适中,态度温和,语言生动、有趣、儿童化,用词规范,引导幼儿养成良好习惯。

总之,教师的言行对幼儿是无声的教育,幼儿教师的一言一行,时刻都在对幼儿起着潜移默化的作用,甚至对幼儿的一生都会产生深远的影响。幼儿教师应当用美的心灵、美的行为去影响教育孩子,言行一致,才能得到孩子的信任与尊重,才能真正做好让人民满意的新时代幼儿教师。

(四)要具有不断更新教育理念和教育技能的能力

1. 能及时捕捉、学习、充实新的教育观念,积极主动获取知识,并及时广泛地吸收、借鉴、运用最新的教科研信息和成果在教育实践上。

2. 有正确的儿童观和教育观,能放眼于世界大坏境来教育幼儿。坚信每一个幼儿都有无限发展的潜力,尊重幼儿和幼儿的个体差异。

3. 善于吸收和丰富广博的文化科学知识,对幼儿感兴趣的知识有初步的常识;对社会和各种文化有追求、喜欢和欣赏的态度和能力。

4. 有勇于创新的观念和能力,乐于接受新事物,善于超越自己;敢于向权威挑战;有超前意识、竞争意识。善于不断总结、提炼、反思自己的教育教学实践,形成自己的教育教学特色。

5. 有较强的教育、组织和管理能力,班级管理井然有序,能为幼儿建立良好的生活常规和习惯,班级环境适合不同幼儿发展;有较强的随机应变的能力,能及时捕获教育契机进行恰当的教育;善于处理教育教学中的各种突发事件,形成自己初步的教学风格和特色;能创设和设计最佳教育情境;有简单的英语会话基础,能与幼儿及家长简短对话。

6. 会使用和掌握现代化教学手段,能自己设计制作多媒体教学软件课件;利用网络收集、积累、获取、传播信息等。

教师是人类灵魂的工程师,是人类精神文明的传承者、播种者。孔子是中国第一个提出教师要做到身教重于言教的人,他认为教师应是学生的榜样,要用自己的人格去影响、教育学生,发挥教师的表率作用。作为新时代的幼儿教师学无止境,做无止境。思路决定出路,细节决定成败。这就需要我们在日常的教育教学实践中去不断地孜孜以求和探索,不断地提高自身的职业素养和能力。

案例分享　　如何严守职业底线,廉洁育人?

我的疑问:

小语是班级比较特殊的孩子,身体欠佳,每天早上和下午都要吃中药,老师经常在运动、午睡时给予小语特殊的照料,为宝宝垫毛巾,提醒休息、擦汗,小语会把老师的细心照料告诉家长。

这天早上,小语妈妈特地提早送孩子来幼儿园,找到老师说:"你们真是辛苦了,小语给老师们添了很多麻烦,我们感谢两位老师。"说完就把两个夹了购物卡的信封塞了过来。"我连忙将信封还给家长,说:"小语妈妈,对体弱孩子多加照顾是我们老师应该做的工作。"可小语妈妈把信封往桌上一放,连声说:"收下,收下,是家长的一片心,不收就是看不起我。"说完转身就走了。

拒收家长礼品是树立我们教师形象的重要保证,但怎样能不伤家长的心,比较婉转地把礼品卡退还给家长呢?

专业判断:

家长送礼品给老师有多种原因,可能是觉得麻烦老师不好意思,也可能是希望老师对自己的孩子给予特殊照料。新教师要理智地看到礼品背后,可能带来的种种负面影响。因此虽然能理解家长的好意,但礼品是坚决不能收受的。

作为一名新教师,在刚进入工作时就要把好这个关,借助周边资源,掌握拒收礼品的一些技巧,自觉维护和树立起教师良好的师德形象。在孩子和家长中树立良好的师德形象,公平地对待每一个孩子,真正地赢得家长的尊重。

问题解决:

1. 早宣传,提倡议

我园每年在教师节前夕推出"拒收家长礼品倡议书",在幼儿园入门处的大海报上,图文并茂地号召全体教工拒收礼品。我也早早地在醒目位置,工整地签上自己的大名。为了让家长和孩子在教师节这个传统节日里,有一个表达感谢的机会,我在边上投放了"爱心贴"和记号笔,家长可以和孩子一起在爱心贴上写下自己的心里话,用积极的方式表达情感。

2. 修师德,树榜样

幼儿园常组织我们青年教师聆听幼儿园优秀员工、区明星教师们的成长故事,感受优秀教师成长艰辛以及她们对教育的真爱,学习她们的良好师德行为。幼儿园的潘老师是区里的"我心目中的十佳好教师",从她的故事中,深深感受到潘老师十年如一日对孩子的不求回报的关爱付出,以及家长的真心感谢。相比之下,不难发现自己还有很多需要改进的地方。我以潘老师作为师德榜样,在遇到挫折的时候也时常去向她请教,提高自己的思想觉悟。

3. 巧退还,感心意

有经验的教师给我提供了许多退还礼品的方法。有些礼品当下推不掉他们会先收下来,有的直接放到家长信箱,有的用快递退还。实在退不掉还可以上交工会,由工会主席出面感谢家长、退还礼品。

小语的家就在邻近的小区,于是我写了一封信,感谢家长对幼儿园工作的支持和配合,并把卡塞在里面,下班时悄悄送到了小语家的信箱里。也许家长刚刚开始对老师的拒收觉得下不了面子,但时间久了看到老师对孩子的真情付出,反而会更加尊敬老师。

案例分享 如何平等关注到每一个孩子?

我的疑问:

班里有很多孩子,每位孩子都有不同的性格特点。有些孩子活泼好动,有些孩子乖巧懂事,有些孩子安静内向。可是我们往往会把很多时间花在教育那些"调皮"的孩子身上,对于其他乖巧的孩子,就不会过多地关注。

这天,麟麟一路小跑进了洗手间,我便一路跟随着他,并且在语言上指导他:"不要小跑步,慢慢走进洗手间,小便洗手!"这时,麟麟才放慢脚步,开始小便洗手。看到一旁乖巧等待的丞丞,我也微笑地点了点头。

平等地关注到每一个孩子,是教师所必须遵从的教师职业道德规范。但怎样才能使每一位孩子都感受到老师关注呢?

专业判断:

每一个孩子的个性特征以及气质特点都是不同的,存在着大大小小的差异。一个班有三十几个孩子,教师往往会忽略那些乖巧懂事的孩子,花更多的时间在那些"调皮"的孩子身上。可是另一方面,教师有时由于更强调于活动的秩序、一日生活的规范等,就会有选择性地关注那些遵守规则的乖巧的孩子,给他们更多的机会。

作为一名新教师,在步入学前教育事业时,就应牢记并遵守教师职业道德规范,关心爱护全体幼儿,尊重幼儿人格,平等公正对待幼儿,做每一位幼儿的良师益友,充分发掘幼儿的闪光点,努力做一名合格的学前教育工作者。

问题解决：

1. 舍其"短"而效他长

所谓舍其"短"，就是教师要对每个孩子的特点心中有数。对于那些"调皮"的孩子，教师要做的就是了解他们行为背后的原因，因势利导。

所谓效他长，就是教师要善于发现每个孩子的长处并给予肯定。久而久之，孩子们在老师的表扬下会巩固良好的行为，在相互学习、模仿的过程中，逐步建立起集体意识和遵守规则的意愿。

2. 利其长而扬其长

所谓利其长，就是要创造利于每一位孩子发扬长处的机会。即使是在那些"调皮捣蛋"的孩子身上，我们也要有一双善于发现的眼睛。如有些孩子好动，总有些奇奇怪怪的想法，教师要在保证安全的前提下，尊重他们的个性，鼓励这些孩子去自主尝试，满足其好奇探究的愿望。

所谓扬其长，就是要更加发扬每一位孩子的长处。即使是那些乖巧懂事、平日很文静的孩子，我们还是要鼓励他勇于表达自己的观点，如活动时激励他们大胆举手发言，不要害怕自己说的是错的。另一方面，我们应该注重培养孩子的能力，给孩子解决问题的机会，让他们在活动中建立自信，感受到教师的关注与支持。

3. 护其短而爱其长

幼儿园设立"爱生节",让师爱成为幼儿快乐游戏、健康成长的不竭源泉。所以,教师不要随便为每一位幼儿贴上标签,要树立良好的师德,关心爱护每一位幼儿,通过悉心指导与谆谆教诲,用实际行动温暖每一个幼儿的心田,爱护其短处的同时更要爱护其长处。

对于麟麟小朋友调皮好动的行为,我不会抑制他这种行为的产生,而是走进他的内心,与他建立平等信任的关系。对于文静内向的丞丞,我会及时鼓励,创设更多的机会,让她获得成功的体验,增强自信心。

> **案例分享** 接手新班级,如何赢得幼儿的喜爱与信任?

我的疑问:

刚刚接手新的大班,由于从未接触过大班孩子,且对这个班级孩子丝毫不熟悉,我处于两眼一抹黑的状态。当时我刚刚离开我带了两年的班级,还有些恋恋不舍,对于即将成为"后妈",我有丝丝忐忑。我能得到这些孩子的喜爱认可吗? 我能融入这个班级吗?

专业判断:

建立良好的师幼关系是非常重要的。进入新的班级,首先要观察每一个孩子的性格特点,了解他们才能更容易拉近心灵的距离。要因材施教,对于不同的孩子不能用"一刀切"的方式进行教育。在日常带班过程中,可以通过游戏、故事等快速融入幼儿群体;和他们在自由活动中聊聊知心话,关注每一个孩子;多多展现老师的优点,让孩子崇拜欣赏老师;多多肯定孩子的闪光点;用肢体接触拉近距离等……这些都是非常重要的。对孩子的爱,还可以体现在许多细节中,如叮嘱幼儿穿脱衣服、看护午睡时祝福幼儿做个好梦等,点点滴滴幼儿都会记在心中,回报给你一颗纯真的童心。

问题解决:

1. 鼓励幼儿,发现优点。为了融入这个班级,我动了很多脑筋。除了在自由活动时和他们一起游戏,我做了个抽奖袋,里面有许多代表不同奖励的纸片。每天离园时刻,我都会让孩子们说说你觉得今天谁最棒,谁的进步最大,并说说理由。由孩子们选出今天他们觉得最棒的孩子,抽取奖励。有的奖励是得到老师一个亲亲抱抱,有的是和老师或同伴合影,有的是五角星,有的是每人送他一句祝福……这个活动深受孩子们的欢迎,有的孩子会自我推荐,觉得自己哪里做得有进步,增强了他们的自我评价能力,有的会推荐朋友,这说明他们会开始发现他人的闪光点。最后得到荣誉的孩子总是特别自豪。

2. 趣味指导,快乐互动。在午餐环节,有部分孩子吃得比较慢,我反省自己的指导语,觉得指导大班孩子语言也需要趣味性,虽然大班了但他们还是孩子,所以我喜欢用有童趣的话语激励他们。比如告诉他们,做挖土机工人,一下子挖到饭碗小山的最底下,挖出一条沟,挖出一个山谷,最后把山上的宝藏都送到肚子口袋里。把汤比作一条河,让孩子用嘴巴把水运到肚子里的水工厂。他们的积极性就会很高。

3. 晓之以理,动之以情。到了大班,老师的很多说教效果都不太明显,所以有时我会请做错了的孩子用画一画的方法总结自己的错误,想一想下一次遇到这样的事情可以怎么做……就这样,我时常自省,并慢慢融入了这个班级,也受到了孩子们的喜爱与认可。

第二部分

保教结合　融职业规范于实践

一、活动设计

（一）怎样制定一份集体学习活动详案？

在日常活动组织中，撰写活动设计是活动设计的重要环节。教案写得好，目标明确、条理清晰、层次分明，那么在教案的实施过程中就能得心应手、有条不紊、中心明确。反之，则条理不清、轻重不分，教者思绪不明，学者一头雾水，就不能达到好的教学效果。可见，写好活动设计是上好课的重要前提。那么，新教师怎么样才能写好教案呢？我觉得应该从以下几个方面去考虑：

1. 熟悉教材是基础

现在，我们很多教材内容都来自于教参书《学习》，作为新教师，在写教案之前首先要做的是：在研究孩子特点的基础上吃透教材，领会、理解教材的内涵，为制定活动目标和解决重、难点问题打下基础。

2. 撰写教案

一份完整的教案，一般包括活动名称、活动目标、活动准备、活动过程。具体要求如下：

（1）活动名称

写这节教学活动的名称即可。

（2）活动目标

适切的活动目标是实现集体教学活动有效性的基础。在制定目标时，新教师要考虑目标的指向性、适切性、可测评性，突出重点和难点。活动目标主要从三个方面来确定：知识、能力、情感。当然，在确定目标时虽然基本是从以上三个方面来考虑，但也不是说每个活动设计都是这样三条目标，有时候也可以结合起来，而且可以根据每个活动的侧重点来安排目标的前后。

例如：大班活动"最佳路线"。

活动目标：

① 共同解读上海轨道交通说明图的内容，并尝试与同伴合作寻找去世博园的轨道交通路线。

② 能用较连贯的语言表达自己的经验。

指向性：数学活动。

适切性：解读轨道交通说明图，符合大班年龄的幼儿。

可测评性：合作寻找轨道交通路线，较连贯的语言表达经验，都是可以在集体活动中对幼儿进行测评的指标。

（3）活动准备

指课前准备，分知识准备（幼儿已有的经验）和物质准备（笔、纸等教具），如有一些特殊的活动还要有天气准备等。教具是为教学服务，所以宜精不宜多，宜巧不宜花，每一件教具都要用在刀刃上。教具的设计和准备既要考虑幼儿的年龄特点，更要考虑课的需要。可以利用现成的实物，也可以利用废旧物品制作，但绝不可粗制滥造，以免给人造成不负责任的感觉。但也不必太过花哨，既浪费时间，又容易分散幼儿的注意力，有时候甚至会中看不中用。

在写教案时只要把本课有关的教具写清楚就好了。

（4）活动过程

一节活动能不能在第一时间引发幼儿的兴趣,开场的第一环节很重要。引题能不能先声夺人,对一节活动的发展有着至关重要的作用。所以,这第一炮一定要打响打好而且要打得准确,把孩子的注意力最大限度吸引过来。

一般在第一环节后就是重点内容的学习及难点问题的解决了,这里有一个循序渐进、由浅入深、由表及里的过程。

怎么教、怎么学就看你活动过程怎么去设计。所以在设计的过程中还有老师的许多隐性因素渗透在设计中,自己的心中一定要明白这个环节要安排在哪里,要如何安排,为什么要这样安排,只有做到设计时的心中有数,才能做到上课时的运用自如。

在活动的最后,我们很容易犯一个低级错误,即认为反正课已经完了,赶紧收场了事,殊不知这样做很容易给人头重脚轻、虎头蛇尾的感觉,所以最后的环节也一定要从容不迫、有始有终,最好能与开场相呼应,使整个活动有圆满的感觉。而且在整个活动设计中要有一条主线贯穿始终,使整节活动条理清晰。

总之,在每一次活动中都有一个学习、巩固、提升、迁移的过程。

不管写详案还是写简案,都要注意教案设计的趣味性、学习性、适龄性。要写好教案,首先要选择适合各年龄层次的幼儿学习的教材,然后对教材进行深入的分析,慎重地确定活动的目标,围绕目标展开流程设计,每一个环节都要切实为目标服务,以达到教得轻松、学得开心的目的,每一次活动都能真正让幼儿得到应有的提高和发展。

案例分享 如何制定集体活动目标,有效地提升幼儿的经验?

我的疑问:

集体学习活动目标的价值在于提升幼儿的经验,是每一次教学活动的出发点和归宿。那么如何制定合适的目标,既能满足幼儿的需要,又能有效达到目标呢?

专业判断:

活动目标是教学目的和教学任务在教学活动中的具体化,是教学活动设计中的重要组成部分,是教师发挥主导作用的依据,也是进行教学评价的依据。因此,我觉得集体教学活动的目标制定需要教师客观、深入地分析活动素材的内涵和幼儿的已有经验,只有这样才能制定出恰当合适的目标。

问题解决:

1. 目标的制定符合幼儿的兴趣及经验

首先,目标的制定应该适合本年龄段的幼儿。其次,应该关注幼儿的兴趣点以及经验点。比如在"响亮的大鼓"这节集体教学活动中,教师借助一个故事帮助幼儿理解春天是会打雷的,春雷响了,很多小动物才会醒过来这一科学知识。如果单纯强调目标是春雷与动物冬眠之间的关系,显然是不利于幼儿接受与学习的,幼儿的兴趣点在故事,他们和故事里的动物一样好奇,究竟这大鼓声是什么呢? 于是,将目标制定为:在听听讲讲中,了解春天,关注春天周围环境的变化。让目标围绕幼儿的兴趣以及经验出发,更有利于教师开展集体教学活动,并为顺利达成目标做了铺垫。

2. 目标的制定要体现过程性

故事《大熊山》既是一个语言活动(包含了一个故事),又可以是一个音乐活动,帮助幼儿感受到熊走路的样子是笨笨的。经过思考,我将活动的重点落在模仿熊走路的样子,因此设定了以下两条目标:1、有兴趣地倾听音乐,尝试在情境中用动作表现走路、由小变大、睡觉的音乐形象。2、借助故事情节仔细观察画面,并大胆地进行想象。我只是把故事作为一个过程性的内容,帮助幼儿通过故事来了解熊走路的特点。

案例分享　如何提高教师的活动设计能力?

我的疑问:

我在活动设计上存在的一些困惑,如活动目标不明确,活动过程重点不突出,提问设计缺乏针对性和开放性等,我该如何提高活动设计能力呢?

专业判断:

要制定出适宜的目标,教师首先应该针对幼儿的年龄特点,找出幼儿现在能做到的与应该做到的距离。有针对性的目标是对幼儿有促进作用活动的基础,活动形式的选择和提问都是围绕教学目标来进行的,为实现目标而服务的。

问题解决：

1. 活动制定多考虑，三个环节不马虎

（1）活动目标

目标制定是否兼顾三维目标；是否凸显活动特质；是否重点突出，符合幼儿年龄特点和发展需要。

（2）活动内容

内容是否贴近幼儿的生活经验；能体现集体学习活动的价值。

（3）活动环节

活动环节是否围绕目标，突出重点与难点；教学方法的选择是否能为目标服务，发挥幼儿学习的积极性和自主性；是否能采取有效的方法进行梳理、归纳、丰富、提升幼儿的相关经验。

2. 设计提问多思考，幼儿经验获提升

我将设计提问时机总结为三个"一"：等一等、换一换、想一想。

等一等幼儿。提问在于时机，教师要注重对提问时机的把握，与幼儿共同身处活动的情境中。观察幼儿对于活动的反应和生成的疑问。教师也可以通过提问来引导幼儿思考，帮助他们梳理经验。

换一换"身份"。注重师幼互动，站在幼儿的角度去检验问题和回应的有效性。幼儿是否能够把握提问的中心意思，提问是否能够帮助幼儿提升经验。

想一想问题。教师的提问要有连续性，要承上也要启下，让幼儿随着你的提问与故事一同"深入"，一同"浅出"。提问要具有确

切性,即"确切范围",当然这样的范围可适用于开放性问题。指向越确切,那么互动越有效。

案例分享 如何让备课更有效,而不同于背课?

我的疑问:

在"气象台认错"这节课中,幼儿对动画视频很感兴趣,当我提问"他们一个说要带伞,一个说不用带伞了,你支持谁? 理由是什么?"幼儿纷纷举手,可都是回答支持要带伞,有人说因为天上有乌云、有人说这个故事看过了就是要带伞,并没有发生我预期的辩论的情况,我一下子不知所措……每次上课之前我都会认真反复研究自己的活动设计,甚至于把课的流程都背下来,可是当实际上课时总会有意外状况,如何让我的活动设计更有效呢?

专业判断:

新教师经常会把上课的每一句话和每一个环节所需要的时间、内容都记在心中,虽然也花了很多心思准备活动设计,可往往效果不理想。活动设计不同于背课,背课只是把准备好的教案背出来,然后一模一样上下来,对幼儿的回答无法很好地预估和回应。活动设计则需要教师把课的内容都了然于胸,抓住课的价值与目标,并设想孩子回答的每一种可能来进行回应。目的是最大程度使幼儿达成目标。在刚才的情况中,教师虽然之前花了很多心思把教案熟记于心,可是并没有对幼儿的各种可能回答进行假设和思考,所以当幼儿的回答出乎教师预料时,教师的课就被中断了。因此,只是把教案背出来是远远不够的。

问题解决：

1. 参考学习活动书，根据幼儿情况调整

每节学习活动都来源于主题背景。新教师在设计学习活动时，首先要翻阅学习活动书，熟悉在当前主题下幼儿需要达成哪些目标，思考如何设计活动能帮助幼儿更好地达成目标。在教案设计中可以先参考学习书中的教案，如"气象台认错"这节课就是在"春夏秋冬"主题中调整过的学习活动。在活动一开始通过讨论的形式导入："你昨天看天气预报了吗？说说今天的天气怎么样？"比原先的内容更容易调动幼儿的兴趣和已有经验。之后的环节内容则基本参考学习书，这样更易达成目标。

2. 向老教师借阅活动设计资料

我通过借阅老教师的活动设计、参观经验型教师的活动设计和上课之后发现：活动设计不等于背课。选择活动设计的教师并不急着动笔，而是先放飞思想，即使有时想得比较远、比较杂、比较多也无妨。思考时，为了防止思维落入固定模式，他们会尽可能猜测幼儿的各种回答，并思考如何回应、如何小结、如何过渡。在使用资料或辅助教具时，老教师会在心底盘算，这段资料究竟放在何处才能实现最大价值。

3. 每次课后进行自我反思

（1）对幼儿可能的回答和反应预设不足。我在准备时只预设了能力较强的幼儿可能的表现，对于一些能力较弱的幼儿的回答

则预设不足,所以当他们没有按照我的预设进行辩论时,我没有很好地进行引导和过渡。我应该多用想象力,尽可能多猜测不同能力水平幼儿可能的回答,并思考好如何回应。

(2)提问语言要精炼。我在上课时容易犯"啰嗦"的毛病,为了让幼儿听明白总是说很多,其实这样对于幼儿的理解和表达是不利的,我应该把提问的语言进行精简,有条理地提问。

(3)语态要丰富。通过几节课的实践,我发现自然丰富的语态是吸引幼儿注意力的法宝,声音要抑扬顿挫,眼神要与幼儿交流,如在"上海说唱"这节活动中,我就恰当地使用上海话教学,而提问和要求则依然用普通话慢慢说清楚,并请幼儿复述。一节活动下来,幼儿始终积极参与。

由此可见,活动设计不同于背课。"备"不一定非要用,它是以不变应万变。它是在需要时,随机做一些必要的补充,从而促使幼儿的认识进一步向前推进。因为"备",可以信手拈来,课也因随处生景而丰富,充满灵气,富有弹性。"背"是不管幼儿是否需要,时机是否成熟,生硬地灌进去。结果,纵然是有价值的经验,也没开发出最大使用价值来。总而言之,教师首先要对教材十分了解,将目标熟记于心;在准备的时候也要发挥想象力,猜测幼儿天马行空的回答而预设回应;当然也要有一定的知识储备,这样对幼儿的发问才能游刃有余,不会被幼儿"牵着走",活动设计也会更有效。

（二）如何观察分析幼儿?

观察是教师走进幼儿心灵的主要手段,写好观察记录是幼儿教师分析幼儿行为背后原因的一条通道,是提高自身专业素养的一个重要途径。有目的、有价值的观察可以帮助教师反思自身的教育效果,提高自身的教育水平和教育能力。那么我们如何观察幼儿呢? 观察什么呢?

1. 教师观察什么?

(1) 观察幼儿现有的经验

幼儿之间是存在个体差异的,他们在活动中的表现也是不一样的,有的幼儿很主动,学习能力很强,而有的幼儿在活动中会缺乏自信,甚至害怕困难,容易退缩。教师可以通过发现孩子的闪光点,调整自己的教学,做到因势利导、因材施教,为进一步组织活动提供新的依据。

(2) 观察幼儿的需要和兴趣

教师要全身心投入工作,带班过程中要人到、眼到、心到、神到,沉浸到孩子中去,与孩子一起唱、一起跳、一起玩、一起想,杜绝静坐以待、自顾自忙的现象,避免工作中的盲目性,发现幼儿身心变化、认知发展、情感需要,根据不同的个性特点、认知类型、认知风格和学习进度等"对症下药"。

(3) 观察幼儿的学习方法

教师可以帮助幼儿掌握一定的学习方法,通过"授人以渔",引导幼儿自主、有效地探索周围世界,获得有用的知识并解决实际问题。

(4)观察幼儿的发展水平

教师要从两个角度来解析幼儿的发展水平,一是这个年龄段幼儿认知发展的一般特征,以确定所观察对象的发展与其他普通幼儿相比较是否正常,是否需要特殊照顾和帮助。二是所在的班级中其他幼儿的认知发展水平,通过横向比较确定所观察对象在班级中的相对位置及班级中不同水平幼儿的发展特点,为集体活动的设计、区域活动材料的投放等提供依据。做到"因材施教",促使每个幼儿都能得到适合他自己特点、类型和风格的全面发展。

2. 教师观察的准备

(1)要有一定的知识准备

应有专业的理论素养、自觉的职业道德规范和娴熟的技能技巧。教师不仅是知识的启蒙者,而且是道德的引导者,思想的启迪者,心灵世界的开拓者,情感、意志、信念的塑造者。

(2)要有明确的目的

观察目的性明确,知道要观察什么,了解什么,才能具体、详细地进行观察;教师在无意中捕捉到的有价值和思考意义的教育现象,可能一开始没有确定具体的目的,但是在接下来的追踪研究中仍然目的要明确。

(3)要克服观察中的主观倾向

要尊重幼儿个性,呵护幼儿自尊,不武断批评和否定幼儿的想法和做法,不简单粗暴指责幼儿,要学会从不同的角度去观察、分析幼儿产生问题的缘由,优化教育方式。

(4)要讲究观察中的记录方法

为了提高观察的目的性、针对性,应采用不同的记录方法,如:实况记录法、日记记录法、轶事记录法、事件取样法。观察记录的要素通常包括:观察时间、目的、地点、对象、过程、观察分析、措施、效果分析八部分。不同的描述方法在记录中会略有不同。

(5)要尊重观察对象

要学会尊重幼儿,要站在幼儿的立场上,理解幼儿内心的感受和体验。要对幼儿多鼓励,一句赞扬的话语,一个鼓励的眼神,一个爱抚的手势,都会让幼儿感受到爱的关怀,从而萌发无限的信心和力量。

3. 教师观察的对象

对象构成的三要素:人、物、事件。就幼儿园的教育活动而言,人的因素包括教师和幼儿;物的因素包括环境和材料;事件是指以幼儿园的教育活动为主的各种活动。主要观察对象分为三类:单个幼儿、幼儿小组、幼儿集体。

(1)单个幼儿

记录单个幼儿比较容易,可以尽快深入班级,了解每个幼儿的行为表现,并注意个体差异。如:个别幼儿出现的哭闹、不悦、不做、不说、走神、听不懂等现象;偶发事件中的个别幼儿,如打架、咬人、说脏话、说谎等,通过对观察对象的记录,及时了解现象背后的原因和需求,以便更好地关注个体差异,进行个性化的指导,一般需要追踪观察。

（2）集体幼儿

集体活动是幼儿园的重要活动形式,集体活动观察指的是教师在集体活动中发现的、或对某个问题感兴趣而进行的针对某一方面的观察。这类观察一般需要对整体幼儿进行观察,同时在自我观察反思的基础上,还可配合查阅资料、咨询专家、教师研讨等进行。

（3）小组幼儿

在班级中常常有一些乖巧的、沉默的、配合教师指令的幼儿,容易被教师忽视,这类幼儿同样希望被教师关注、认可,教师同样要投以关注的目光。

4. 教师观察的目标

（1）观察幼儿的"工作"

在幼儿园一日活动中,教师需要有针对性地观察幼儿的"工作",即幼儿专心致志投入的某项活动。通过观察幼儿的"工作",教师要了解幼儿以下几方面的情况:认知发展、语言发展、健康发展、情感发展。

① 认知发展:观察幼儿的反应、完成任务时专心的程度、能否记住老师的话。

② 语言发展:观察幼儿语言的表达、对语言指令的执行。

③ 身体与动作发展:观察幼儿精细动作的发展、手部动作的灵活性。

④ 社会性情绪:观察幼儿情绪、社会交往能力。

（2）观察幼儿的谈话

在生活中,幼儿的谈话常常不是单独进行的,而是与某种"工作"相伴进行的。教师通过倾听可以获得许多重要的信息。教师关注幼儿谈话应包括：幼儿的提问、幼儿自言自语、幼幼对话、师幼对话。

5. 选用观察的方法

教师要根据教育活动的需要，采取灵活多样的观察方法，如：自然观察与实验室观察、直接观察与间接观察、参与性观察与非参与性观察、结构性观察与非结构性观察、自我观察与客观观察、系统观察与局部观察。

6. 掌握观察记录的手段

观察一般是教师眼观和记录相结合，如果同时针对某个具体方面进行观察，除了在日常的活动、游戏中随机观察外，还可以根据观察目的设置专门的活动进行观察。此外，还可以利用摄像、录像、幼儿作品分析等方法进行观察。

（1）书面记录：书面记录是常用的，也是最经济有效的保存信息的手段。通常教师都是用书面的形式记录观察到的信息，如教育案例、个案观察记录、活动反思等。教师可以用一些自己看得懂的速记符号，结束后加以整理，不管是简记还是详记，都要围绕"焦点"筛选性地收集信息。

（2）静态照片、录音、录像：用照相机进行记录是观察记录的一种辅助形式，为了更加逼真地再现某种声音、声像，教师还可以借助于录音、录像保存信息。

7. 记录观察的方法

教师可以从幼儿动作、幼儿语言、幼儿表情等方面观察幼儿，以便更好地了解幼儿。幼儿任何行为的出现，都可能有其背后的故事。找到原因，才能解决根本问题。教师的记录主要有两种。一种是表格式的，那是根据事先设定的幼儿各种行为指标，进行有针对性的观察，教师只要根据观察在表格内打勾或简单记录就行。一种是描述式的，教师必须将幼儿的行为表现客观地记录下来，但是教师难以在带班的同时做详尽的现场记录，完全靠脑子记，却容易流失。为了既快又有质量地记录，教师可以随身带着便条纸和笔，现场只记幼儿的行为要点，事后再通过回忆加以整理。记录观察结果，可以采用记叙和描述的方式（即对幼儿的行为表现进行记叙和描述）。一般包括如下内容：

（1）记录幼儿做种种事情的时间、地点。

（2）记叙幼儿行为发生的背景：幼儿在什么情况下出现该行为。

（3）记叙幼儿做种种事情的方法、行为方式，特别是幼儿行为方式的变化和新行为。

（4）描述幼儿对自己行为的感觉：表情、心情、神态。

（5）记录幼儿行动时所说的话。

8. 解读观察到的内涵

观察不是目的，仅是手段，最终是为了通过观察发现什么、解决什么、提出什么建议措施等。因此，不能做完观察就认为是完成了任务,还需要教师对观察结果进行分析和反思,有时候还需要进一步深入观察和思考,可能还需要查阅很多资料,和同事进行探讨,寻求专家建议等。

9. 正确分析、合理利用观察资料

正确分析观察资料,是根据观察记录对幼儿行为的性质做出正确判断,得出结论,并对幼儿出现某种行为的原因进行分析。一般说来,可以从文化家庭背景、生理生物因素、心理社会因素,以及幼儿成长经历等方面寻找原因。

教师可凭借幼儿的活动情况来了解幼儿的阶段性特征、学习方式,这有助于教师更好地评价幼儿,针对幼儿的特点选择不同的教学方法进行日常教学,做到教学方法因人而异,教学工作因地制宜。

案例分享　对于比较难控制自我情绪的孩子,该如何引导?

我的疑问:

鸿鸿是个大班的孩子,最喜欢玩角色游戏。他今天在小舞台游戏中担任"小导演",和几个小朋友一起排练情境故事。

不一会儿,表演场上传来很大的吵闹声,只见鸿鸿握着小拳头对着一起游戏的佳佳挥舞着,并大叫:"你真是个笨蛋,我刚刚明明不是这样子说的。"佳佳说:"故事里的小兔子不是你这样的。"鸿鸿说:"不行,你就是要听我的。"便把拳头挥向佳佳。老师看到连忙赶过来处理,鸿鸿却撅着嘴觉得自己有理,不肯道歉。

专业判断：

每个班里总会有些个性强或行为举止易冲动的孩子,他们会在游戏中与同伴发生"争执",经常扰乱班级纪律。这些孩子的行为经常让新教师非常头痛。

在幼儿时期,孩子的接受能力很强,他们在吸取各种信息时不辨良莠。有些孩子身上的行为表现,究其原因来自于家长及家庭养育环境。因此,新教师要重视家园共育,在帮助矫正孩子行为时积极寻求家园合作。与此同时,对于这类孩子的引导教师务必要把握正面引导的原则,掌握宽严分寸,通过向老教师取经、与家长积极配合等方式积累经验,帮助幼儿逐步矫正。

对于不同性格的幼儿,教师要善于观察、有耐心、慢慢开导,过于严厉会适得其反。看到孩子的错误不能盲目指责,要通过真诚的沟通教会孩子用正确的方法处理问题,提高他们的交往能力。要知道在孩子性格形成的过程中,成人的一个举动或评价,会影响孩子的一生。

问题解决：

1. 教孩子正确的方法

我在与鸿鸿奶奶的交谈中发现,孩子的行为可能受到动画片的影响。动画片中经常有打坏人的场景,鸿鸿模仿能力强,这些动作一下子就学会了,成为他遇到问题经常使用的一种方法。

为改变鸿鸿的不良习惯,我以平等的态度与其交流,询问他打人的真正原因。原来他觉得推一下、打一下没有什么大关系。我问："如果遇到不能解决的问题,很生气但又不能打架,是不是可以有其他的方法来慢慢解决?"孩子想了想,说出了一个方法:"我可以像菲菲一样跑到别的地方去。"(出自他听过的故事《菲菲生气了》)究其原因,鸿鸿打人的行为更多源于他对面临的困境没有合适的解决方法。因此,给孩子一些正确解决问题的方法是非常重要的。

2. 创设一个良好的家庭氛围

由于鸿鸿平时较为调皮,在家不听话时爸爸也经常用打骂教育,而不是说服教育。因此,鸿鸿自然地把此行为转嫁实施于同伴。家庭环境对孩子行为习惯的影响也是非常大的,如果父母在家中纠正孩子错误的过程中行为举止不注意,就很容易影响孩子。

所以,家长必须严于自律,约束自己的言谈举止,同时要给幼儿一个有利于成长的氛围。我约来鸿鸿的父母进行沟通,建议家长对鸿鸿进行正面教育,还可试着寻找机会经常和孩子聊聊,倾听他在幼儿园发生的事情,在聊天时巧妙地告诉孩子遇到问题学着用合适的方式解决。

3. 家园配合强化鼓励

教师在日常生活中要做有心人,为孩子创造各种机会,帮助他们提升克服困难、冷静处理紧急情况的能力。同时可以做多种示范和讲解,帮助幼儿解决在活动中碰到的问题,并经常给以鼓励和赞扬,这样便会逐步培养起各种良好的行为品质。

之后每当我发现鸿鸿的点滴进步,总是积极表扬他,正面强化良好的行为,并给予鸿鸿一段时间来逐步改进。当鸿鸿和同伴发生摩擦时我及时与他交流,并和家长联系沟通。没多久,鸿鸿遇到矛盾也能渐渐克制住自己的情绪,即使对方不能和他步调一致,他也基本能不用手来"说话"。

案例分享　如何跟踪引导有多动倾向的孩子?

我的疑问:

嘟嘟长得白白胖胖的,特别可爱,但有个缺点就是比较多动。游戏讲评时间到了:"嘟嘟,快把小椅子搬到你的位子上来!""好的!"只见嘟嘟搬起小椅子很快地坐到了游戏讲评的区域。可是讲评了不一会儿,他就马上坐不住了,不时拉拉旁边小朋友的衣服,又不时摇摇前面小朋友的小椅子。

学习活动刚开始了一半,几乎所有的小朋友都热情积极地跟老师互动着,嘟嘟却又被娃娃家的小拖把吸引了,自顾自地离开座位跑到娃娃家里玩起来。"嘟嘟,快回到你的座位上来!"这样的情境在一节学习活动上至少要出现三到四遍。

虽然说,小班幼儿由于刚进入幼儿园还不能很快地适应,特别是在行为习惯方面,会出现各种各样的问题,但大多数小朋友都能听老师的话,能按照老师提出的要求去做。可嘟嘟却很少能按照老师的话去做某一件事,最明显的一点就是很难在自己的小椅子上坐定下来,老是在教室里乱串,稍不注意还会往教室外面跑,老师叫他几遍就好像没听见一样,依然我行我素,很让老师头疼。新教师该如何理解多动倾向的孩子呢?

专业判断:

坚持性差、注意力易分散是小班幼儿的年龄特点。他们的行为具有强烈的情绪性,常常受情绪支配,而不受理智支配。自由行为多,爱干什么就干什么。而这些行为特点在个别幼儿身上会表现得较为明显。嘟嘟的情况便是如此,他注意力不容易集中,且注意的时间短,倾听能力较弱,特别是学习活动时间,很容易被一些声响、周边的环境所影响。若幼儿动作停不下来、行动常没有明确目的,表现为任性、自控能力差,作为教师就应采取必要的应对措施。

问题解决:

对刚进入幼儿园的小班幼儿,教师需要有更多的耐心去教导他们,因为每个孩子都有不同的情况,我们应该考虑适合他们的不同应对方法。

1. 家园沟通,共同指导

家长和教师的有效沟通,是双方密切配合的前提,是教师争取家长对幼儿园工作支持与理解的秘方,同时更是家园共育最有效的途径。而作为家长,他们的言谈举止对孩子的成长环境也起着重要的影响作用。

首先,我与嘟嘟家长沟通了他在家的一些表现,嘟嘟的妈妈向我反映,嘟嘟在家也很难定下心来做一件事情,他很喜欢搭乐高的积木,一开始时总能很专心、认真地摆弄,但不出 10 分钟,就没有耐心了,去摆弄其他物件。有时时间会更短,如果听到电视机声音或周围有其他声响就会被其吸引起身。同时我也向嘟嘟妈妈介绍了一些他在园的情况,并从专业的角度向他说明了幼儿长期养成多动行为的危害性及在幼儿时期培养良好习惯的重要性。通过沟通,嘟嘟妈妈表示会积极配合老师工作,培养嘟嘟尽快养成注意力集中的好习惯。

2. 鼓励幼儿,树立自信心

没有孩子喜欢听批评,如果老师和家长为了激发幼儿的上进心而故意刺激他,久而久之会让幼儿产生抵触情绪。自信心是不会在嘲笑与讥讽中树立起来的,因此对幼儿的鼓励十分重要。我的做法是在幼儿有一点进步时就及时给予表扬,灵活运用表扬、榜样、鼓励的方法。比如嘟嘟有了一点进步我就会马上给他发个五角星,或是在游戏时,我会特别关注到嘟嘟的游戏情况,发现他做得比较好的地方就给予表扬,并告诉他,如果上课时能更专心一点,不随便跑出座位就更好了。这些小小的行为看似微不足道,却是对孩子莫大的鼓励。通过几次下来,我发现嘟嘟比以前更自信了,上课跑出座位的次数也逐渐减少。

3. 调整座位,培养自控力

注意力不集中的幼儿很容易被无关的刺激牵走思维,因此培养注意力最初要减少无关的刺激和干扰,随着注意力增强可以逐渐增加环境的干扰,直到使幼儿适应环境,不再容易分心。因此要为幼儿提供一个注意力不易被分散的环境,尽量不要在他周围放置可能会分散他注意力的物体。我发现嘟嘟注意力不集中时,很多时候是因为外面有人经过或外面有人在交谈等。我认为这样的孩子对外界刺激的敏感程度远远高于常人,而非故意想捣乱或心存恶意。而且,我发现只要我安排让他坐在一位能保持安静的孩子旁边,他的注意力就会慢慢集中起来。

案例分享 如何看待新学期幼儿习惯反复的情况?

我的疑问:

新学期开始,幼儿在生活习惯上又有了些许反复,比如在倒水时幼儿又出现了插队、争执的情况。一些在上学期培养了的好习惯,在寒假结束后又有了一定的反复。

怎样让幼儿习惯的反复情况能够减少?如何杜绝新学期幼儿习惯的反复?

专业判断:

幼儿习惯培养的质量直接影响了幼儿整个一日活动的开展。幼儿在新学期开学时,情绪和习惯上的反复是完全正常的现象,教师在新学期开始前就要做好充足的准备。

幼儿在经过一整个愉快的寒假后,到了幼儿园情绪上已经有所波动。家中的习惯培养没有在幼儿园中的规范,新教师在学期结束时和家长也缺乏关于习惯上家园共育的交流,所以幼儿在习惯上的反复需要家长和教师都承担一定的责任,只有家园共育的要求一致才能让幼儿更好地将良好行为习惯加以巩固。

首先,新教师要提高自身的能力,针对幼儿年龄特点参考各类书籍,及时发现幼儿反复的原因以及反复的关键点。其次,在上学期结束前,教师可以将幼儿在上学期的良好习惯和较薄弱的习惯养成进行总结,与家长进行交流,在寒假中让家长能够有方法可用,有方向可循,促进幼儿习惯的巩固和培养。最后,在新学期开始,教师针对班级存在的普遍问题可以进行集体教学活动,例如开展与主题相关的集体生活活动以改善幼儿的普遍问题。

问题解决：

1. 搭班之间进行交流，教育方式相同

我与我的带教老师进行了交流，并总结了班级幼儿存在的普遍问题以及个别幼儿存在的问题，并寻求出适合班级幼儿情况的教育方式，在带班期间达成一致，给予幼儿相同的教育方式与原则。针对班级幼儿普遍存在的问题，我们设计了一节集体生活活动课，从而改善幼儿易反复的行为习惯问题。

2. 家园共育，巩固培养

在班级教师对于幼儿的习惯培养达成一致的前提下，教师要及时与家长沟通本阶段幼儿存在的问题；家长也要配合教师，在家中进行教育。只有家长与教师的教育达成一致才能够巩固培养幼儿的规则意识。例如：真真小朋友在新学期开学时又发生了插队或者不看标记的行为，我和真真的妈妈进行了简单的沟通发现，原来真真在小区玩时刚开始也排队，后来由于看到其他小朋友霸占玩具器械的做法，真真也开始玩滑滑梯时坐在上面不愿滑下来，或是插在别的小朋友前面说"让我先玩"。经过仔细观察和家长间的沟通，我了解到幼儿习惯反复的原因，并根据她的特点让家长在家庭教育中通过轻声提醒、标记暗示的方法进行习惯的巩固培养。

3. 保教结合，及时发现问题

保育老师在生活习惯方面的培养中也发挥很大的作用。保育老师不但需要对幼儿的行为进行提醒、纠正，也需要做到以身作则，例如：将桌子椅子搬起来走，轻拿轻放等。通过自身的示范给予幼儿一定的规则榜样，暗示幼儿好的习惯方法。我和我们保育老师还配合上了一节生活活动"大家来找茬"，让小朋友作为旁观者，观察保育老师在平时的生活习惯中有哪些地方做错了。在总结不良的习惯后，再次启发幼儿寻找保育老师习惯中的闪光点，并邀请幼儿和保育老师一起来做一做，这样不仅提升了幼儿的兴趣，也激发了幼儿培养良好习惯的积极性。

> **案例分享**　如何给"慢动作"的孩子加速？

我的疑问：

月月是个文静的小班孩子，做事很慢，无论是吃点心，还是如厕、洗手、喝水、总是不慌不忙，认真仔细。但她做什么事情都慢吞吞，具体表现为：起床要半小时，穿衣速度慢；喜欢赖床，起来了又躺下；穿衣服总找不到前后；上个厕所还要半小时；任何事情都要与玩结合起来；刷牙时喜欢玩牙刷牙膏；洗脸时喜欢玩水……在家里妈妈一直催促她"快一点，快一点"，但仍起不到效果，有时甚至对她发火都无济于事，引来的只是月月更慢的速度。

没过多久，我发现月月的慢动作，影响整个班级集体的进度。每天早上她总是很晚来园，往往游戏结束了才慢吞吞地进教室；吃饭上厕所睡觉穿衣服总是最后一名。有的时候我会让月月第一个去洗手吃饭,可是到最后还是剩下她没有吃完。如何给"慢动作"的孩子加速呢?

专业判断:

可能有这样的孩子,他干什么事情都慢吞吞,遇事从不着急。无论家长在旁边多么心急如焚,他依然我行我素。造成孩子动作慢的原因有很多,新教师需要观察和分析引发幼儿慢的准确原因,才能对症下药。一味地催促有时反而会给幼儿造成更大的精神压力,不利于幼儿的成长。幼儿为什么会形成如此的行为特点呢?

首先,有些幼儿天生就是慢性子。对这样的幼儿,要有充分的耐心,千万不要责备,多用体谅的心,给幼儿留出足够的时间,去从容地完成该做的事情。另外,在日常生活中训练幼儿的能力,如教幼儿怎样收拾、整理玩具等,那么幼儿在做同一件事时,就会熟悉有效。其次,有的幼儿是将拖延作为一种反抗的武器。有的孩子食欲不大,吃饭时将饭含在嘴里不咽下去;有的孩子有依赖性,不愿意自己穿衣服,不愿意做事,就故意拖延,等到大人不耐烦了,自然就会包办。正确的做法是:与其一遍遍地提醒,还不如走到幼儿身边,要求他立即去做,这样会慢慢使孩子形成习惯,逐渐提高幼儿快速自觉做事的能力。对其他的事情也可以此类推,并注意坚持不懈。

另外,孩子的时间概念是逐步形成的。幼小的孩子分不清几分钟与几小时之间的差别。往往家长认为已过去了很长时间,而孩子认为才过了一会儿,所以对孩子说"来不及了"、"要迟到了"之类的话,孩子会无动于衷。千万不要为此大光其火,要在帮助孩子认识钟点的基础上,使他了解时间的长短,如告诉他:"15分钟后电影就要开始放映了,你如果走得慢,超过15分钟,那么你进去看,电影已经开始了。"这需要一个较长的过程,最好以孩子的亲身体验去领会。

做事"慢"的孩子在每个班级都会存在,幼儿刚入园从一切"包办"到最后的"自理自立"是需要教师逐步加以引导的,教师要抱着一种体谅和帮助的态度从生活细节上来帮助幼儿提高做事的速度。幼儿之间存在某些个体上的差异,但不代表他"不行"。只要采取正确的措施,"慢孩子"不但能提高做事速度还能收获一份自信。

问题解决:

1. 榜样的力量

月月做事慢已经形成了一种习惯,需要一个榜样来助她"一臂之力"。我在月月身边安排了一个"小榜样",并经常对榜样做得好的地方进行表扬,慢慢地我发现在榜样的带动下,她逐步开始模仿,加快了做事的节奏。

2. 舒适的环境

在洗手间里,我创设温馨舒适的生活环境,为幼儿提供不同形状、颜色的肥皂盒,在与幼儿视线齐平的地方贴上洗手步骤图。在吃点心时还播放了轻快的音乐。月月在轻松的环境下心情愉悦,做事速度也不知不觉地提高了。

除此以外,每当月月有所进步,我会大声地赞扬,"月月你真棒！做得真快!"以此强化她的行为。在这样温馨激励的环境中，月月有着明显的改进。

3. 有效的指导

我经过仔细观察后发现，月月做事慢可能是"不会做"。因为她的动作看上去很不熟练，肥皂拿到手上滑掉了好几次。从师傅那里我学到对于年龄小的孩子，可以用儿歌加示范的方式帮助幼儿学习做事情的方法。当月月在洗手时，我用儿歌"先把小手淋淋，涂点肥皂搓一搓……"提示月月加快速度完成任务。

案例分享 如何引导中班幼儿乐于交往?

我的疑问：

自由活动的时间到了，孩子们三五成群地坐在一起，有说有笑地把自己最喜欢的玩具拿出来玩。

蒙蒙独自坐在一边，小心翼翼地玩着自己的电动小汽车。美美看见了马上把小椅子搬到他边上说："蒙蒙，你的小汽车真好看，让我玩一下好吗?"蒙蒙把头一扭不理她。

欢欢看了一会儿又说："我用小飞机和你换好吗?"蒙蒙还是摇头。

美美和欢欢来向老师告状："蒙蒙真小气。"

专业判断：

不少家庭中的孩子是独生子女，由于缺乏同龄孩子，在与其他家庭成员交往时常处于优势地位，其社会交往能力的健康发展必然会受到影响。

类似案例中的现象只是众多问题的一个代表,新教师们经常会碰到不合群、容易和同伴发生冲突、不愿意和同伴分享的孩子。引发这些问题的真正原因,是幼儿缺乏正确的交往技能。教师在处理问题时要准确分析幼儿的年龄特点,在班级中鼓励交往,引导幼儿学习有效的交往技能。

与此同时,新教师要摆正心态,明确幼儿良好的交往习惯不是一天两天就能形成的,幼儿的社会性发展需要教师采取巧妙的策略,通过不断地引导、鼓励、逐步形成良好的人际交往方式。最重要的是从小让幼儿感受到交往的快乐,收获一份自信,并形成完善的人格。

问题解决:

1. 分析特点,创造交往机会

从蒙蒙的行为中我看出他不善于和他人进行交往,单纯地讲道理他肯定不会轻易接受并改变,我想只有让蒙蒙体会到交往的快乐,才会愿意接受老师的建议。如,在自由活动时我带着他一起和同伴交换玩具,学习交换玩具的用语;在游戏时,我请他和几个孩子一起玩三人套圈、摇小船等合作游戏;在阅读时,请他和同伴一起分享一本精彩的书,这些努力,意在让蒙蒙在过程中逐步体会合作的乐趣。

2. 家园合作,体验交往的乐趣

通过与家长的沟通我了解到蒙蒙在家里喜欢看绘本,于是我和蒙蒙妈妈约定让他带书来讲故事给小朋友们听。小朋友们可喜欢听了,都说蒙蒙故事讲得真棒!我请蒙蒙把故事书分发到同伴的手里,孩子们都对拿到的书爱不释手,高兴地对蒙蒙说"谢谢"。有的小朋友还拉着他的手表示友好。我第一次看到了蒙蒙的笑容,他终于迈出了成功交往的一小步。

(三) 个案分析与研究怎么写?

在一定意义上说,每一个教师都应该是一名教育研究者。但由于教师主要精力和时间还是放在教育教学工作上,开展大规模的教育调查和严格受控的实验,往往有一定的困难,教师可以抓住一两个典型的案例,结合教学、教育工作实践进行研究。从身边的问题做起,着重于培养问题意识,发现和提炼教育、教学中有价值的"小问题"、"小现象",进而寻找有效的解决策略。这是教师成为研究者的基本途径。

1. 个案研究的内涵

"个案研究"从研究的方法来说,又称"个案法"、"个案研究法"。个案研究是对某个特定样例或某个行为样例的研究,它是对真实情境中的个体或者团体进行深入全面研究的一种方法。它是一种通过研究个体而理解总体的研究方法,属深度研究。

个案研究的对象可以是个人,也可以是个别团体或机构。个案研究一般对研究对象的一些典型特征做全面、深入的考察和分析,也就是所谓"解剖麻雀"的方法。同时个案研究不仅停留在对个案的研究和认识的水平上,更需要认识教育与发展之间的因果关系,提出一些积极的教育对策,以便因材施教。

2. 个案研究的记录方法

(1) 日记法或传记法

个案中最常用的追踪方法是运用日记法或儿童传记法对儿童定期观察记录。日记法着重注意和记录儿童新行为的出现,观察其发展变化的情况。年龄越小的儿童,对其观察记录的时间间隔应越短。传记法可以用轶事记录法的方式进行,记录儿童在什么场合做什么、新的行为与变化,注意记录要细致完整,要有系统,应善于抓住关键性的行为和语言,随着时间的延续和资料的积累,进而做出系统的分析,了解儿童行为模式,发展中的问题以及问题形成的原因等。

(2) 摄影和录音

记录还可以借助现代化的手段,可以定期拍摄儿童动作发展的镜头,用录音录下儿童的语言发展资料,如何时出现单词、何时用完整连贯的语言交流和表达等,这些资料便于长久保留,以便日后分析与其他资料印证等。

3. 个案研究的实施步骤

(1) 明确研究的目的和对象

① 确定研究的目的

教师首先要明确自己究竟要研究什么问题,在确定研究目的之后,再确定某一方面特征的幼儿作为研究对象。个案研究要根据自己的研究目的来选择研究对象。

② 选择合适的个案研究对象

选择某个研究对象,应根据教师的研究目的来定。例如:班上个别幼儿有性格偏差或行为障碍等问题,你想研究如何进行矫治,就要找形成这方面不良习惯的相关人员进行调查和研究,也可以将它作为一个个案研究的对象来进行研究。

③ 对研究对象进行诊断

确定了研究对象后,就要对他的现状进行全面的分析,比如个人基本情况,家庭与家庭教育的基本情况,与研究目的相关的现状分析等。由于幼儿产生问题行为的原因多样,有可能是遗传方面的原因,那么就要追溯到其母亲的孕期营养、孕期环境和心情状况等。研究者在进行研究时要注意收集与个案对象问题行为相关的多种资料,如:幼儿个人资料、家庭背景、问题发展史、适应情况等。

(2)收集记录调查资料

确定了研究目的和研究的对象之后,收集资料是个案研究很重要的一步,资料收集的全面详尽程度直接影响着对个案分析的透彻与否。要从尽可能多的角度来收集资料,确保资料的有效性。

① 资料收集的内容大致包括以下七个方面:

• 被研究者的家庭背景(包括家庭结构、排行、父母亲的教育程度、职业状况等)。

• 被研究者个人的资料(如性别、年龄、年级、身高、体重、健康状况、外型特征、人格特性、案主的重要成长史)。

• 问题发展史(如首次发生的时间、在何种情况下发生、当时家庭与学校的背景事件、问题的处理及效果)。

- 其他层面的影响(如食欲、睡眠、情绪、行为)。

- 家庭适应(如亲子关系、手足关系、父母管教态度与技能)。

- 学校适应(如师生关系、同伴关系、学习态度、学习成果等)。

- 社会适应(如社区生活、休闲等)。

② 资料收集的方法

个案研究依赖于收集详尽的相关资料,需要运用恰当的方法。一般而言,在个案研究中可以运用到的方法有观察法、访谈法、文件分析法、测验法、游戏技术法、投射技术法、生理检查,但应用最多的是前三种方法。

4. 研究计划的制定

首先要制定研究的计划,确定所需研究的对象和问题,考虑研究的重点和研究所用的方法。如《一个 4 岁幼儿恋物癖矫治的个案研究》。如果我们做一年的研究,计划中应包括研究的目的是什么,指导思想是什么,教育策略是什么,教育效果如何收集,研究的步骤和周期是什么等,可以就这些方面写一个总的计划,计划周密而简明。其次,一年有两个学期,那么每个学期应该有一个具体的执行计划。具体制定计划时很简单,即每个学期要达到的分目标是什么,准备分几个阶段来矫治幼儿不良的恋物习惯,用什么方法和矫治措施等。

5. 指导与追踪

(1) 指导

指导阶段的主要任务是在分析和诊断的基础上,采用行动研究法,设计一套切实可行的方案并加以实施,并在行为中对此方案进行验证,边行动,边研究。根据个案研究的不同类型,指导也有所不同。一般来说,个案研究根据其目的不同,可分为两类:一类是旨在通过对个案的调查与分析来认识个案的现状或发展变化的过程。另一类研究是以对个案的了解与认识为基础,旨在尝试一些积极的教育措施,以促进个案的发展,从而认识措施与发展之间的因果关系。这类研究除了要细致分析、"解剖麻雀"外,更重要的是探究一般经验。这类研究重在提出具体的指导策略,以改善个案的现状、促进个案向好的方向发展。《幼儿同伴关系干预的个案研究》就是这类典型的个案研究。研究者从众多幼儿中选出了三名同伴关系不良的幼儿作为研究对象,在了解幼儿的家庭情况、在班级中的表现以及幼儿智能结构的基础上,不仅分析了幼儿同伴关系不良的原因,而且制定了具体的干预目标,设计了全面的、操作性较强的干预方案,并付诸实施,最后通过后效评估证明了研究所运用的干预措施的有效性和可行性。可见,研究者将研究的重点放在了方案的实施过程和后效评估中,以期改善幼儿的同伴关系。

(2) 追踪

教育是一种长期活动,有时要在一段时间以后才能比较全面准确地看清某一教育措施的效果。因此,对于个案研究,特别是施以发展指导的个案研究,有必要有一段较长时间的追踪研究,以测定和评价指导措施是否有效。如果证实结果确有成效,个案研究结束。如果成效不理想,应继续研究,重新诊断原因,找出补救方法。研究者可以通过观察被研究者的反应,倾听相关成人(如教师、家长等)对被研究者的描述和意见以及了解干预实施者和指导者的自我反思等方式进行追踪,具体方法可参照前面收集资料的方法。

6. 案例诊断与分析

在这个步骤中,重点要做的是个案诊断与分析过程的评价,主要从以下两个方面进行评价:做个案分析时角度是否全面、对问题影响因素的分析是否全面。

(1) 个案分析角度

一个好的个案研究,其原因分析应该从各个不同的角度和维度去考虑。比如,《幼儿同伴关系干预个案研究》,作者从横向与纵向两个角度来分析幼儿 A 在同伴关系上存在障碍的原因:第一,对幼儿 A 成长史进行分析,其中包括亲子关系质量低下,缺少同伴交往经历,这是从纵向角度分析了问题的成因。第二,对幼儿 A 的现实环境分析,其中包括幼儿园的教育环境和家庭的教养环境,这是从横向的角度分析了该问题的成因。

从横向和纵向两个角度去分析这一问题是全面的,这个个案在角度分析的全面性上做得还不错。但该个案研究只从客观维度,而没有从主观的维度分析问题的成因,也就是说没有从幼儿 A 的个性特征、气质类型等主观因素去分析对该幼儿这一问题形成的影响。如果再从主观上进行分析,就会更加全面而深刻。

(2) 对问题影响因素的分析

一个完整的个案研究应该包括原因分析与诊断,在此基础上实施的干预措施才是有针对性的。如果不去分析问题的成因就直接采取干预,就有可能导致干预措施的无效,而达不到开展个案研究的目的。比如,案例《幼儿同伴关系干预个案研究》,在纵向角度下作者分析了亲子关系质量低下、缺少同伴交往经历这两个因素,分别从和成人交往、和同伴交往这两个方面分析了这个问题。在幼儿入园前对他的交往能力产生重要影响的"他人",分别是家长、同伴,因而从这两个影响因素去分析是全面而恰当的。在幼儿园的教育环境中作者又分析了教室里的智能环境、班级人数、教师因素、家园合作因素。但在家庭教养环境方面,作者只分析了父母教养观念,没有分析父母的具体教养方式。虽然两者之间存在着一定的联系,但是教养方式是在观念指导下的具体行为,能对幼儿行为产生更为深刻而直接的影响,类似的教养观念可能会有不同的教养方式,所以作者没有分析幼儿 A 家长的教养方式是本文的不足。

(3) 写出个案调查报告

撰写个案研究报告和论文是对前面各个阶段的研究作一个梳理、归纳和总结。从内容看,个案研究报告和论文应包括以下三个要素和四个部分:三要素即做法、想法和说法。做法,即研究者为解决现有问题所采取的方法或步骤以及实施效果;想法,即研究者以及同事或同行在研究过程中或研究过后的看法和观点;说法,即在综合了以上看法和观点的基础上进行自我反思,并进行个性化的表述。四部分包括:问题的发现与界定—成因或症结—问题的解决过程—反思讨论。个案研究法对个别研究对象的细致了解远远胜过其他研究方法,但它的缺陷也是显而易见的。如,个案研究的可靠性值得考虑,个案研究不能确定因果关系,个案研究在公开研究结论时牵涉到复杂的道德问题,同时,还可能会由于研究者收集资料的片面和教师、家长的偏见而影响材料的客观性和科学性。因此,在研究过程中要配合其他方法使用,以发挥个案研究的最大优势。

案例分享　教师面对具有攻击性行为的幼儿应采取何种措施?

我的疑问:

瑜瑜是一个活泼开朗的孩子,但他有一个令老师头疼的毛病,就是当自己不满或吃亏时,他会用"打人、推人"的方式来解决。我常常和他说"可以用你的嘴巴去和别人商量"。可他"打人"的情况还是屡见不鲜。有一次瑜瑜当上了值日生,只见他对不肯整理衣服的晨晨狠狠地推了一下。我赶忙上前阻止,问他为什么要这样做?瑜瑜马上很理直气壮地说:"因为他不肯塞裤子。""那值日生应该提醒他,而不是用推人的方法去解决。"瑜瑜露出了很认真的神情,欣然接受了。可没多久,只见瑜瑜为放小椅子,把堵在前面的天天撞倒了。面对这样的孩子,教师该如何指导?

专业判断:

安全问题是幼儿园生活的重中之重,幼儿攻击性行为的原因有很多,教师要及时了解、及时干预,为每位幼儿的安全保驾护航。

幼儿的每个动作和举动都反映着心理状态和内心需要。而幼儿在成长过程中的行为又是各不相同的,表现出来的结果和方式也是各有区别的。幼儿出现攻击性行为,可能与幼儿某些生理特征、家长教育方式、成长环境有关,所以教师不能对幼儿攻击性行为严厉批评,要慢慢分析原因、慢慢开导,不然会适得其反。

问题解决:

1. 与家长合作

我开始带着我的疑问查阅书籍,书籍中提到,一旦观察到儿童出现攻击性行为,教师要尝试与家长进行交流,在此过程中我知道了瑜瑜的家长就是以"打"的方式教育瑜瑜的,这样的家庭环境,萌发了瑜瑜的模仿行为。于是我们找到了瑜瑜的家长,就幼儿攻击性的危害让家长了解,并强调了家庭教育的重大意义,和家长一起讨论策略。当教师开始使用这些策略来制止瑜瑜的攻击性行为时,还要及时让家长了解进度,特别是策略取得成功时。

2. 行为影响

瑜瑜缺乏社会交往技巧,那么当他一出现适宜的社会交往行为时,教师就应立即对其进行强化。教师观察瑜瑜的攻击性行为时,也要观察他的积极行为。之后当瑜瑜出现适宜的社会行为时,就要及时对其进行表扬,让他知道老师是多么地为他感到高兴。随着瑜瑜攻击性行为的减少,教师负面的关注也要减少,即渐渐减少责备的次数。

案例分享　如何正确对待幼儿的好奇心?

我的疑问:

中午吃完饭是幼儿自由活动的时间,大家都沉浸在轻松愉快中,忽然一个声音打破了融洽的氛围:"老师,毛毛把小乌龟放进鱼缸了!"孩子们纷纷围过来,一个个怒视着毛毛,仿佛他是可恶的坏家伙。毛毛却是一副神态自若的样子,还用小手放在嘴边"嘘"了一声:"别吵,我们一起看看,小乌龟和小金鱼会做朋友吗? 要是不会,我会救它的。"孩子们聚精会神地观察起来。只见小乌龟慢慢悠悠地把头缩了进去,小金鱼也自顾自地游泳着,似乎对那只小乌龟丝毫不感兴趣。小乌龟愣了半天终于回过神来,慢慢把头伸了出来安静地吸附在缸壁。"你们看,他们不是挺好的吗?"毛毛对此好像胸有成竹,一旁的小朋友们也长出了一口气。"毛毛,你下次可别吓我们了。"一旁的小朋友耐心地提醒毛毛。出人意料的是毛毛的总结性陈述:"如果我不这么做,你们怎么会看到乌龟是不咬小金鱼的呢!"

专业判断:

这是班级中经常会发生的小事。一些孩子会做出令老师和其它孩子惊奇的事儿来。如在厕所玩水,在操场上捡树叶,给自然角的花草洒上许多水。老师为了维持班级秩序常常会说不可以。其实在孩子某些行为的背后透露着对生活、对自然的好奇,这些小实验通常被大人们认作是"调皮"的表现。

故事背景发生在大班,大班的孩子对于周围事物更有好奇心和探究欲,但新教师往往会担心如果过多允许会难以把控教室秩序,那么教师应该如何正确对待幼儿的好奇心呢?

问题解决:

1. 同事交流,尊重幼儿

我的带教老师告诉我,教师要做一个敏锐的观察者,要从幼儿的视角出发理解他们的内心活动,尊重并接纳幼儿特有的兴趣、感受需要及表现方式等,及时地捕捉其中的教育素材,并给予指导。由孩子自主生成的活动是最受孩子欢迎、最能激发孩子积极性、求知欲的活动,是幼儿自主与环境相互作用,并积极探索学习的过程,因此这种学习能最大限度地促进儿童心智的发展。

2. 阅读文献,了解幼儿

幼儿对世界的认识是从好奇开始的,强烈的好奇心会增强幼儿的求知欲,对创造性思维与想象力的形成具有十分重要的意义。毛毛是大班的幼儿,这正是幼儿好奇心爆发的时期。幼儿对不同事物产生好奇,提出各类不同的问题,教师应区别对待,并采用不同的方式来解答,但答案必须是实事求是的。有些问题难以回答,可以告诉他们:"我也不知道,我和你一起去寻找答案。"在寻找答案的过程中,不但满足了幼儿的求知欲望,还可以教他们获取知识的途径和方法。

3. 自我实践,反思调整

班级中的自然角是让幼儿从观察中了解动物习性的一个地方。由于教师有选择性地投放动物,因此观察的角度是符合当前幼儿年龄特点的。毛毛的乌龟事件正是一个能让幼儿了解乌龟和金鱼这两种动物的好时机。所以我把握了这次时机,幼儿一起丰富对乌龟的知识,让幼儿知道乌龟的种类有很多。有些乌龟与金鱼放在一起是会存在危险的。这样既满足了幼儿的好奇心和求知欲,又能让幼儿知道在实验前需要收集相关的信息,才能确保安全。

案例分享 如何打开孩子"不合群"的心理？

我的疑问：

嘉嘉是我班一个比较乖巧的孩子，平时不声不响，从不和其他小朋友发生争执，更不会给老师添麻烦。上课时，思维活跃，反应灵敏，回答问题准确，学任何本领似乎都一点就通。这么一个又听话又聪明的孩子，我总觉得在她身上还有一些欠缺，原来她往往是自己活动，基本上不与其他小朋友一起玩。如何打开孩子"不合群"的心理？

专业判断：

要让孩子合群，家长首先要以身作则，为幼儿创造一个良好的家庭环境。这主要表现在全家人和睦相处上，大人关心子女，子女关心长辈，切忌以孩子为中心，让幼儿凌驾于父母之上。同时，家长也要尊重幼儿，切忌随意训斥、打骂，要让幼儿在互敬互爱的家庭氛围中形成合群的性格。老教师们都建议说：嘉嘉这类孩子缺少的是"交流"，情感的交流，精神世界的交流。因此，要想方设法促进这种交流。教师可以用你的爱去感染孩子。人需要爱，孩子更需要，对他的爱要和风细雨，利用平时自由活动，个别活动的时间，多接近他，将你的爱逐渐渗透，使他慢慢消除对你的戒心，为你的情所动、爱所感，愿意信赖你，接受你，和你成为朋友。

问题解决：

书上说可以先了解幼儿的家庭背景，这是打开"不合群"心理的第一把钥匙。那么开锁的第二把钥匙又在哪呢？我又通过身边教师的经验和网上论坛同僚的建议找到了解决问题的好办法。

老师可以多为她创造一些为班级集体、为其他幼儿服务的机会,让她有表现才能以及和同伴交流的机会,有意培养她建立"与同伴相处,互相交往很快乐"的情感,改变她不合群的个性。

建议家长可以多带幼儿到外面与别人接触,与成人礼貌打招呼,让她在小区与同龄孩子一起玩耍等等,可能刚开始的时候效果不是很明显,但是长期坚持的话,必然会有效果。

另外,经常与其家庭取得联系,谈谈幼儿个体发展的优劣之处,请家长无论如何要挤出一些时间来与幼儿交流,了解幼儿的喜怒哀乐,陪伴她一起度过本该属于孩子的时间。

这些建议我觉得非常实用,我想我更有把握能走进这个孩子的心灵世界了。

二、计划制定

(一)如何制定班级学期计划、月计划?

班级计划,是保教人员对整个班级一学期工作的全面规划与设计。计划需切合实际、具有操作性。

1. 本学期计划,由"班级情况分析"、"本学期保教目标"和"月保教工作重点"几部分组成,清晰、明了,突出重点,能有效地指引教师开展学期保教工作。

2. 在"班级情况分析"中,既有对班级总体情况的全面分析,包括孩子的情况、保教人员的情况、家长的情况等,更要有重点地在发展"优势"和"弱项"上进行详细剖析。这种切合实际的梳理与剖析,将有利于本学期更有目的、有重点地开展保教工作。

3. 在"本学期保教目标"中,既要体现生活、运动、游戏、学习共同性课程所必须达成的目标,同时,也要符合该班幼儿的个性特点,与该班幼儿发展的"弱项"形成呼应与联结,使之更突显目标对保教行为的指引作用。

4. "各月保教工作重点"需作简约的梳理,提示保教人员有重点地开展月保教工作。

5. 学期计划一般包含班级情况分析、学期目标、月保教工作重点、生成和调整四部分组成。

内容	制定要点
班级情况分析	主要包含:班级概况、幼儿发展情况、家长工作三大块。 ● **班级概况**:对班级总体情况的全面分析,包括幼儿的情况(男女生人数、是否有插班生、班级幼儿整体发展水平等)、保教人员的情况(如:老师的基本信息,两教一保的情况)。 ● **幼儿发展情况**:可以从体能、习惯、自我意识与管理自理、认知、语言、社会性、美感与体验等七方面来分析幼儿的优势、发展弱项。要根据班级幼儿发展的实际情况(可以参考每学期的班级幼儿发展评价表)来写,弱项分析中还要包括对个别幼儿发展情况的分析。优势(弱项)不求多,但要有侧重,能反映重点,并分析形成优势(弱项)的原因。 ● **家长工作**:可以分析班级家委会的情况(如:几名家长是学校、班级家委会的成员)、家长学历情况、对班级工作配合情况(如:主题资料收集、家长进课堂情况)、对幼儿的教养情况(教育的价值取向,如:有的注重习惯培养,有的注重认知培养,大班还要关注家长对幼小衔接工作的价值观和行为)等等,以及教师相应的家长工作方法(家长会、家园练习册、面谈、家校互动、信息栏)。这一部分可以不展开,但要突出重点,表述清晰。

内容	制定要点
学期 目标	1. 可参考《上海市学前教育课程指南》中的幼儿发展阶段目标，但要根据班级幼儿的实际发展水平将目标合理地分解到上、下学期。目标要适宜，不能超过幼儿的发展水平。 2. 目标要体现生活、运动、游戏、学习共同性课程所必须达成的目标（可参考指南），同时，也可有园所"特色课程"需达成的目标（可参考园本课程目标）。 3. 教师还要针对班级幼儿发展的弱项提出具有该班幼儿个性特点的发展目标（如语言表达、合作协商、倾听习惯等），对有特殊需要的幼儿还应注明个别教育的目标及相应举措。 4. 大班教师在制定学期目标时，要增加幼小衔接方面的相关目标（如生活上的自我管理、学习态度上的专注等等，可参考市《幼小衔接工作指导意见》等相关内容，但非知识性内容）。
月保教 工作 重点	主要参照学期目标，结合季节、节日、幼儿当前的经验和发展需要来统筹考虑。 1. 要写清教师通过哪些主要手段和途径（如：集体活动、个别化、家园共育、主题节落实）来落实本月的保教重点内容（生活、运动、游戏、学习）。 2. 内容还可以有全园的大活动（如春游等）、级组的活动等。 3. 环境创设：可考虑创设哪些环境来支持以上内容的开展，可以是整体环境、区域活动环境的创设，还可以考虑家庭、社区的环境。 4. 家长工作：如家园共育的内容，或家长会、家访、家校互动等。
生成 调整	1. 活动开展的过程中幼儿生成的话题或内容。（如：主题活动拓展） 2. 记录本月预设不能完成的活动或提前延后的活动（传染病、因临时活动延迟、内容过难或过易所做的相关调整）。

（二）如何制定周日计划？

1. "周计划"具有课程规划的功能,要对一周的课程内容进行全面的设计和安排。

2. "周计划"需兼顾幼儿园生活、运动、游戏、学习四类活动,使课程内容合理、平衡。

3. 充分凸显四类活动的特点和价值取向。结构化程度比较低的活动,注重"观察重点"、"观察与指导"(如游戏、生活、个别学习等)。

4. 在"学习"里,体现了主题式综合课程的特质,既有主题名称,又有主题安排;既有主题背景下的个别学习活动,又有集体教学活动;既有保底水平的基础性学习,又有园本特色的选择性学习。

内容	制定要点
周工作重点	根据月保教重点将具体要做的事情细化到每周中,可以是本周要开展的活动提示、或是环境创设的准备、以及需要家长配合的内容和个别幼儿的教育工作中。文字的描述要有可操作性(如:本周具体要做的事项)。
生活栏	**内容**:结合月重点、季节、幼儿当前生活需要安排 1—2 个必要的集体的预设活动,托小班可以是 2—3 个。(可以从《生活》教参书中选取自理生活、安全生活、文明生活的内容) **观察要点**:根据最近一个阶段内容的生活教育(如洗手),观察幼儿的行为习惯、自理生活能力、与人交往能力、文明习惯、安全生活能力以及适应集体生活等能力如何;观察个别幼儿的情况;观察幼儿在日常生活中是否与教师创设的环境以及提供的材料互动等。

内容	制定要点
运动栏	**内容：** 可以按器械、材料或动作技能来划分区域，具体根据幼儿园的安排来定。安排要体现递进和发展性。 **观察要点：** 要体现运动的特质（如动作要求、动作发展，可参考《运动》教参书），而非仅仅"一物多玩"；要有保育的要求（如：脱衣、擦汗、安全）。 　　教师应根据幼儿阶段发展的动作特点来制定观察要点，包括集体的内容和区域的内容。
游戏栏	**内容与材料：** 要体现根据幼儿游戏发展的情况有调整和更新，写清具体投放什么材料、数量等。投放的材料不是一直不变的。 **观察要点：** 要体现游戏的特质（可参考《游戏》教参书），要符合班级幼儿的年龄特点和游戏发展水平。分室活动由全园统筹安排。
学习栏	**集体学习活动** 　　集体活动的安排要考虑一周课程的平衡性和课程的全面性。要包含语言、艺术（音乐、美术）、科常（数、常识）领域的活动，但在具体写的时候，不要以分科的形式呈现（如语言课、数学课等）。 　　同时，要处理好集体学习活动与分室活动的关系：同种类型的活动不安排在一起。如果今天分室排的是大舞台，学习活动就不要选择上音乐活动。 **个别化学习活动** 　　个别化学习活动主要立足于主题背景，包含共同生活（自理、文明、安全生活类）、探索世界（数、科常）和表达表现（语言、美工、音乐）三大块内容。主题内不能涵盖的内容要以非主题（选择非主题的内容可以考虑，主题中领域不平衡的部分，该年龄段的要求在主题中缺失）的形式呈现。要标注出生成与调整的内容，不是连续几周都一成不变的。
选择性课程	每周1—2节。课程内容符合课改主流精神，是成熟的课程内容。
生成与调整	可以是针对幼儿在生活、运动、学习、游戏等活动中生成内容的调整，也可是对组织形式的调整。

三、保教实践 • 生活

（一）来园接待教师该做什么？

1. 晨间接待来园环节的价值与意义

晨间接待幼儿来园是幼儿园一日生活的重要组成部分，它是幼儿步入园所的第一个环节，也是十分重要的环节。晨间接待来园环节不仅是幼儿一日情绪开启的重要时机，也是师生个别互动以及对幼儿实施养成教育的有效途径，更是建立良好家园关系的宝贵契机。此间，教师在与幼儿及其家长相互作用中表现出的行为，特别是教师对幼儿的情感与态度，不仅直接影响幼儿一日生活中的情绪和活动的积极性，亦会对家长的工作和生活产生影响。

2. 晨间接待来园环节教师现存行为问题与表现

为使晨间接待来园环节的研究更有针对性和实效性，我们通过多次问卷及深入教育实践现场的观察访谈对教师在此环节中的行为现状与问题进行了认真调查与分析，总结归纳如下：

（1）迎候幼儿：看到家长、幼儿后，依然忙着做自己的事（整理教具、材料，照顾自然角），只简单地打招呼"来啦"，或假装没看见；面无表情（不笑，个别教师表情冷淡），自己不问好也不提醒幼儿问好。

（2）与幼儿沟通：对有哭闹现象的幼儿，轻描淡写地哄一哄："别哭了。"或不耐烦、不理睬、吓唬幼儿："再哭就别接。"不对幼儿进行晨检，对生病归来的幼儿不关注、不问候；很少与幼儿有身体上的接触，如抚摸等。

（3）与家长沟通：不主动向家长询问幼儿的情况，或与家长沟通时语言简单："您没事吧？"家长交代事情时不认真倾听，东张西望，简单敷衍；生硬回绝家长的要求："幼儿园没这规定，我们很难做到"；与家长交接幼儿衣物、药品时随手乱放，或拒绝接收："这药您交到医务室，班上不管"；向家长告状："您家孩子又打人了"；只与个别家长交谈，忽略其他家长、幼儿；家长离开时不与家长告别，也不提醒幼儿说再见。

3. 晨间接待来园环节前教师要做的准备工作

（1）换好宽松舒适的衣裤、平底鞋。宽松舒适的衣裤鞋子会让教师在带班的过程中感到轻松、活动自如，不会产生踩痛幼儿的隐患。

（2）做好各项活动前的准备工作。在晨间来园接待环节之前，老师应为当天的活动做好充分的准备，如：准备好当天运动活动的器械（关注是否安全）、自制辅助器械和教学活动的教具，确保各项活动的顺利开展。

（3）倒好要饮用的茶或水，如果水是热的，应放在远离幼儿的地方，避免烫伤幼儿。

4. 晨间接待来园环节教师的适宜性行为

(1) 迎候幼儿

① 当教室里有两位教师时,晚班老师负责来园迎候幼儿的工作,站在教室门口,面向幼儿和家长来的方向,看到幼儿和家长迅速迎上去,面带微笑,主动向幼儿和家长问好。因为微笑着问好不仅可以让家长感受到老师的热情,可以温暖幼儿幼小的心灵,更可以让家长放心地把幼儿交给老师。

② 如果教室内只有一位教师,晨间接待幼儿来园时,教师就要选择一个接待幼儿的适宜位置,既能环顾班内已来幼儿的活动情况,又能充分看到门口幼儿来园的情况,让来园的幼儿第一眼就能看见老师在门口欢迎他、等待他。

(2) 与幼儿沟通

① 认真进行晨检。每日的晨检是一个非常重要的环节,晨检的作用非常大,不仅可以检查幼儿的健康情况,而且还能发现一些不安全因素,做好晨检工作才能保证幼儿在园安全愉快地度过一天。因此,教师在来园接待时要认真做好每日的晨检工作,可以摸摸孩子的口袋、碰碰宝宝的头、贴贴他们的脸、看看他们的手……也可以通过语言与幼儿互动:"宝宝今天好吗? 身体感觉舒服吗?"以便了解幼儿的健康状况,发现一些不安全的因素。

② 对情绪不好的幼儿(哭闹、不爱来园等)给予安慰。对于小班幼儿来说,教师要牢牢把握他们的年龄特点,源源不断地发送爱的讯号,用多种多样富有情趣的方法让幼儿感受到欢乐和喜悦、新奇和趣味。小班幼儿对爱的理解非常具体,一丝微笑、一个亲吻、

一句表扬的话,常常是化解幼儿不良情绪、使其做出积极行为的一剂良药。当孩子情绪波动时,可以搂一搂、亲一亲、抱一抱;可以给孩子一句安慰的话:"我们知道某某最懂事了""宝宝的妈妈下了班就会来接";对于那些边哭边提要求的幼儿,可以巧妙地给孩子一个小小的承诺:"行,我们先出去玩一会儿,我过会儿就给妈妈打电话。"另外,教师也可以用游戏的口吻或用幼儿感兴趣的事物巧妙转移幼儿的注意力。"是谁躲在妈妈身后和我捉迷藏呢?""快去看看我们的小鱼,今天它还没吃早饭呢,都饿了,等着你喂呢。"对中大班的幼儿教师则可以用眼神、表情、动作鼓励幼儿,也可以和孩子之间来个约定,并伴随恰当的语言引导。"快来吧,老师都想你了。""某某真好,能高高兴兴上幼儿园。"以上一些方法和策略会较好地帮助幼儿顺利度过与亲人分离的环节,为他们开启快乐的一天。

③ 引导幼儿主动跟老师问好,提醒幼儿家长离开时,对家长说再见。对于能主动与老师问早、主动与家长道别的幼儿要给予肯定和表扬。通过持之以恒、连续不断的培养教育,可使幼儿从小养成良好的礼貌行为习惯。

④ 鼓励幼儿自主选择、参与游戏活动。当幼儿进入教室不知所措时,教师应用语言引导幼儿积极参与游戏活动:"想一想,今天要玩什么游戏,想做谁呢?""快去吧,小朋友都等着和你玩游戏呢!"通过这样的引导,可以帮助幼儿尽快进入游戏的情景。

⑤ 引导中大班的幼儿关心自然角的动植物,为它们浇水、喂食。关心照顾自然角动植物的过程,不仅能增强幼儿的观察能力、动手能力,更能培养幼儿的关爱情感。因此,老师可以充分利用来

园接待的环节,引导来园较早的幼儿主动关心照顾自然角的动植物。

(3) 与家长沟通

① 主动向家长询问幼儿情况,耐心倾听家长的嘱托,细心与家长交接幼儿的衣物、药品。晨间接待时教师的言语和行为,不仅会影响幼儿一日生活的情绪和积极性,也会对家长产生极大的影响。当家长将孩子的小手放到教师的手中时,也将满心的牵挂放到了教师的手中。而此时,教师要主动向家长询问幼儿的情况,耐心倾听家长的嘱托,真正想家长所想,急家长所急,细心观察,及时沟通,帮家长解决后顾之忧,给家长服一颗定心丸,只有这样才能让家长更加满意放心,增进教师与家长的感情。

② 向家长肯定幼儿的进步。适当的赞美可以"引其向善"。教师如果希望幼儿有哪些优点或巩固哪些优点,就要努力发现他在此方面的点滴进步,及时加以肯定、激励。而晨间接待则是赞美幼儿的良好时机,因为在家长面前赞美幼儿,会使幼儿的心理得到极大的满足,进而更加努力地朝着被赞美的方向努力。同时,教师对幼儿的赞美也会使家长用更欣赏的目光看待幼儿,对幼儿产生积极的期望,这种积极的期望又将反过来促进幼儿更大的进步,形成良性循环。此外,教师的赞美和肯定还能融洽教师与家长之间的关系,实现家园良好沟通。因此,每天清晨接待孩子来园时,教师要把赞美与鼓励毫不吝啬地送给每一位幼儿与家长。

③ 有针对性地向家长宣传正确的教育观念,能帮助家长改变不当的教育方法,更有助于建立良好合作的家园关系。因此,教师要充分利用晨间接待的环节,有针对性地向家长宣传正确的教育

观念,用具体而富有实效的语言行为与家长沟通,进而取得家长的信任、支持,达到教育合力的最佳效果。

(二)如何指导幼儿盥洗?

盥洗是幼儿生活的一个重要环节,可使幼儿毛发、皮肤保持清洁,减少皮肤被汗液、皮脂、灰尘污染的机会,提高皮肤的抵抗力,维护身体的健康。同时,还可以培养幼儿爱清洁、讲卫生的好习惯,提高幼儿的生活自理能力。

1. 盥洗的内容

幼儿在洗手前应当先卷起衣袖,轻轻拧开水龙头,将手心、手背、手腕浸湿,然后关上水龙头,搓肥皂,最好搓出泡沫,运用七步洗手法使手心、手背、手指缝、手腕等都被肥皂洗到,接着打开龙头,用清水冲洗干净,关好水龙头,轻轻地在水池中将水甩干,最后再用毛巾将手擦干,将毛巾摆放整齐,再将衣袖放下。

注意:用流动水给幼儿洗手。洗手时,幼儿双手应当略向下,避免水顺着手臂倒流弄湿衣袖。冬天洗手后教师可以为幼儿涂香香。注意指导幼儿认真洗手,不玩水、不敷衍。

2. 盥洗活动易出现的问题与表现

• 环境

(1)盥洗室地面有时会因为天气潮湿、幼儿甩水、玩水等原因而湿滑,这样易于滑跤,存在安全隐患。

（2）盥洗室空间相对于教室而言较狭小，易发生拥挤。

• 幼儿

（1）幼儿从教室到盥洗室这个较封闭的空间，由于教师的过少关注往往给予幼儿"放松"之感，一些幼儿会出现嬉戏、讲闲话、动作慢、推挤、不爱守次序等行为，容易给盥洗带来安全隐患。

（2）爱玩水是每个孩子的天性，而盥洗室则是幼儿接触水的场所之一。一些幼儿喜欢玩水，可能会把水洒在地上，或洗手时水势过大、溅湿衣袖、忘关水龙头、不节约用水等。

（3）擦毛巾时，幼儿会因图快而不将毛巾打开，快速地擦拭；当毛巾不足时，幼儿缺乏在水池里甩手的意识，把水甩到地上。

（4）没有养成手脏时、饭前、便前、便后、运动后洗手的习惯，缺少对洗手时间的认识。一些幼儿对洗手缺少方法，他们对正确洗手方法缺乏经验，所以盥洗没有起到彻底清洁的目的；另一些幼儿已掌握方法，但是会因马虎、图快等而忽视了盥洗的正确步骤，不愿意使用肥皂洗手。

• 教师

（1）组织盥洗时站位不明确，新教师往往会采用"灭火"策略，哪里乱了就往哪走，没有兼顾全体。

（2）教师缺乏对保育员的指导，没有在盥洗活动中发挥保育员的最佳效能。有时会出现两位老师站在一个区域的情况，没有合理分配。

（3）教师对正确的洗手方法、时间、盥洗内容缺乏认识，从而忽略了对幼儿的指导。如运动后幼儿先如厕再洗手时，教师没有发现错误，并认为是正常现象。

（4）教师不善于观察幼儿盥洗的具体方法，缺乏对幼儿的指导。

3. 盥洗活动中教师适宜性行为

● **环境支持**

（1）创设安全的盥洗室环境

每日在幼儿来园前要确保盥洗室地面干燥、防止湿滑，保证盥洗室的照明。当幼儿进行盥洗时，教师要指导保育员对于地面水渍及时擦拭，防止幼儿跌倒、滑跤。教师也可在盥洗室增加一些"小心地滑""不要奔跑"的警示标志提醒幼儿。大班则可让幼儿自行设计盥洗室标志。

盥洗室相对于教室而言空间较小，教师要擅于利用环境，可以根据年龄特点、结合情境创设清晰的排队标记，引导幼儿有序盥洗，学会排队不拥挤。在进出口处，教师可用进出箭头表示幼儿进出的方向，以免幼儿进出时因方向不同发生碰撞。

（2）创设自主的盥洗室环境

环境是无声的老师，教师要善于将环境发挥最大效能。墙面上要有明确的洗手示范标记，让幼儿从中观察学习，有利于习惯的养成。设计时，教师要考虑幼儿年龄特点、实效性、童趣、美观等因素，适当调整洗手要求。如小班可用具体形象、立体的步骤示范图，让幼儿便于观察。中班在每一个步骤中，对于关键步骤用不同形式呈现，吸引幼儿注意。大班的幼儿已初步掌握洗手方法，老师可以只将重点步骤呈现。需注意的是，提供的示范图要在幼儿洗手视线范围之内，不能过高或过低，影响幼儿观察。

教师对材料的巧妙改变也可间接帮助幼儿养成良好的盥洗习惯。如在侧拧的水龙头上标有开关标记,幼儿开水龙头时,将龙头开至标记处则是正常水量,帮助幼儿养成用适当的水量洗手、节约用水的习惯。当使用洗手液时,教师在下按处系上蝴蝶结,让洗手液不能按至最低,帮助幼儿控制洗手液用量等。

(3) 创设温馨的盥洗室环境

温馨的盥洗室有利于引发幼儿对盥洗的兴趣,教师可根据班级特色、年龄特点创设温馨的盥洗室环境。如在镜子上贴可爱的贴纸吸引幼儿照镜子,在镜子前整理衣裤;不同而有趣的脚印、标志让幼儿产生排队的兴趣;主题式的盥洗室让幼儿有身临其境之感,他们乐意来,愿意做,情感上的价值得到体现。

生活的品质不断提高,盥洗室不仅仅是用于清洁的场所,教师也可赋予盥洗文化以丰富内涵。教师可在盥洗室中创设展示区,根据需要、时段提供相应物品,如各种各样的毛巾、肥皂等,既提升了盥洗品质,也帮助幼儿喜欢使用这些物品。

• 有效站位

(1) 教师视线无盲点

盥洗室较易产生安全隐患,教师站位应保证每个孩子都在视线范围内。当一人带班时,主班老师要站在既能观察教室情况,又能兼顾盥洗室的中间位置。当两人带班时,主班老师要站在幼儿主要活动的区域,配班老师则要补位站在人较少的另一区域,当幼儿分散于教室和盥洗室时,两位教师绝不站在同一区域,以免产生盲点。

(2) 教师要指导保育员及时补位

保育员也是班级的成员之一,教师要帮助保育员养成"三位一体"的观念,让保育员及时投入到班级的管理中来。教师要指导保育员对站位重要性的认识,说说这样站的原因,引导其合理站位。

● **指导策略**

盥洗前:

(1)教师要帮助幼儿养成良好的盥洗习惯,教他们正确的盥洗技能。合理安排幼儿盥洗的时间,帮助幼儿养成餐点前、如厕前、如厕后、手脏时洗手的意识。可通过平日的生活活动、餐前教育丰富幼儿盥洗经验。也可以通过家校互动的形式,让家长教授幼儿一定的盥洗方法。教师也要让幼儿了解创设的盥洗标记的含义,让幼儿根据标记行动。

(2)教师应对幼儿提出明确具体的要求:有秩序地排队洗手,不推不挤;不在盥洗室内大声喧哗吵闹,不在盥洗室内追跑嬉戏;不玩水和肥皂;洗手完毕要在水池中甩掉手上的水再离开,不把水甩在别人身上和地上。

(3)教师及时站位,确保兼顾全体、视线无盲点。幼儿进入盥洗室时,确保盥洗室干燥和照明。

(4)对于中大班而言,教师可请值日生参与到盥洗室的管理中来:随手开关灯、保持盥洗室清洁干燥、提醒幼儿使用肥皂等。

盥洗中:

(1)组织幼儿洗手时,教师要指导幼儿用正确的方法洗手:先卷衣袖、淋湿双手、关水龙头、擦肥皂、放肥皂、手心手背搓搓、手指缝搓搓、开水龙头、在水龙头下边冲边搓搓手心手背、关水龙头、小手对着水池甩一甩、拿毛巾擦干、把毛巾打开擦、轻轻摆放毛巾。

(2)穿长袖季节要提醒和帮助幼儿洗手时卷起袖口和拉下袖

口,注意内衣袖口,以免没有拉下给幼儿带来不适。对于小班幼儿,教师应帮助他们卷衣袖,并认真仔细地组织、指导他们洗手,不能因为幼儿能力有限而嘲笑、指责幼儿或生气地抱怨。对于中、大班幼儿,要求他们相互帮助卷袖子,并在洗手后擦干手上的水,教师要着重对他们进行提示和检查。冬季幼儿穿着衣服过多或穿着的服饰过于繁琐,老师可给予适度帮助。

（3）教师要注重盥洗时的及时观察。当教师预设盥洗重点时,就要根据重点及时观察幼儿盥洗情况,特别是洗手方法的观察要细致、全面。在幼儿进盥洗室时,教师也要善于观察安全隐患,及时发现地面出现的水渍,幼儿的不适宜行为,加以引导。针对一些幼儿在盥洗时表现出的种种不良行为习惯,选择正确的行为作为目标不断强化。如：对于盥洗时爱嬉闹的幼儿,要求在规定的时间里完成,对于推挤,对同伴有攻击行为的幼儿不忘提醒遵守盥洗要求,当幼儿缺乏控制能力时,教师要有意识地利用语言、表情、动作等给予暗示,及时提醒。材料的提供也是教师观察的内容,当毛巾用完时,教师要及时指导幼儿在水池中甩干小手、保育员及时增补；当使用的肥皂软烂、缺少,不能发挥效用时,教师要提醒保育员及时更换。

盥洗后：

（1）提醒幼儿洗手后双手十指紧扣握拳,保持手的清洁,不乱摸其他物品。教师也可请值日生来"闻闻香味道",以此来检查幼儿是否使用肥皂洗手。

（2）离开盥洗室时,可请最后一名幼儿或值日生检查盥洗室情况,包括水龙头关闭、物品归位、关灯等。

- 日常延伸

（1）形成生活课程

根据盥洗发现的问题、幼儿的原有生活经验、认知水平,对于普遍存在的盥洗问题,教师可设计集体教学活动来解决。教师也可以把洗手程序编成一些朗朗上口的儿歌,让幼儿一边念一边洗手,有自我提醒的作用。

（2）发挥榜样力量

教师是幼儿模仿的重要对象,我们的日常行为随时都对幼儿发展产生潜移默化的影响。因此,我们要做有心人,平时要善于抓住一切有利机会为幼儿做好行为示范,用自己良好的盥洗习惯去影响他们。同伴是幼儿观摩学习的榜样,可在幼儿中树立良好的典型让其他幼儿学习,可采用结对子、一帮一的形式,相互交流观摩,取长补短,以此激发幼儿去模仿和学习。

（3）发挥家园互动

经常与家长沟通,了解幼儿在家中的盥洗情况,引进家庭教育中的经验,使幼儿园的教育更具针对性。同时让家长了解幼儿园盥洗习惯培养的要求及方法,使家园教育保持同步,形成合力。建议家长在家中为幼儿创设良好、便利的盥洗环境,给孩子准备专用的洗手液和肥皂、毛巾、润肤油等用品,这些用品最好放在幼儿可以自由取放的地方。

案例分析 如何正确引导不愿洗手的幼儿?

我的疑问:

洗手是保证幼儿健康和养成卫生习惯的重要环节之一。

"吃点心的时间到了，小朋友们，要把小手仔细地洗干净。"我说道。可是总有幼儿为了图方便或是想早点吃上点心而不认真洗手。

彦彦对自己的好朋友说："我不用洗手。"我听到后就问他为什么，他张开双手给我看："我手不脏。"彦彦旁边的其他两三个朋友看看自己的手也说是干净的，不想洗手。如何正确地引导幼儿理解洗手的重要意义呢？

专业判断：

首先从幼儿的健康方面来讲，洗手能够帮助幼儿去除手上的细菌和污垢，避免幼儿感染疾病，防止病从口入。从能力和习惯上来讲，可以帮助幼儿提高自我服务能力和养成良好的卫生习惯，从小树立健康良好的生活习惯。所以洗手是幼儿园一日活动中重要的环节之一。

可是我们在观察中发现仍然有部分幼儿把洗手当作对老师的应付，还有的幼儿趁老师不注意的时候没有洗就偷偷溜回教室了，要让幼儿真正理解洗手的重要意义，他们才愿意逐渐养成洗手的习惯，进一步养成正确规范的洗手习惯。

教师可在生活中进行随机教育、生活教育和个别教育。幼儿不洗手，不应该直接批评，而是要引导他们自己去发现其中的问题：细菌是很小的，一般用眼睛直接看是看不见的，看上去不脏的手也需要洗干净。我们可以通过细菌图片让幼儿有一个直观的认识从而接受。此外，在整个过程中教师要注意为幼儿营造一个安全、平等、温馨的心理环境，让自己的言行举止成为幼儿学习的良好榜样。

问题解决：

1. 图片展示说明道理

对于班中发现的问题教师应该给予一定的重视，这也是随机教育的一个机会，既能够帮助幼儿明白洗手的重要意义，又能够给予班中其他幼儿再次提醒巩固的作用。于是我到网上寻找细菌、蛔虫等照片让幼儿了解手上细菌，接着和小朋友展开有关洗手话题的讨论。

凌凌说："手上有细菌的。"我问："你们知道细菌长什么样吗？"凌凌继续用手指比划了一个小圆说："就是这样的。"幼儿纷纷摊开手找细菌："咦，没有啊？"我说："不如我们一起来看看细菌的照片吧，看看细菌到底是长什么样的。"这时候我打开电脑里头关于细菌图片给他们看，哦，原来细菌那么小，怪不得我们平时一直看不见他们，有的还是虫卵变成的蛔虫，我们身体营养就都给蛔虫吃掉了。有的细菌会引起我们生病，如感冒、拉肚子、红眼睛等。细菌还会传染给其他人，给别人的健康造成影响。这样用图片来说明道理，更加形象生动，有的幼儿说："我从前还以为自己的手不脏呢，原来这么脏呀。"

2. 榜样示范意义大

为了让幼儿逐渐将洗手变成日常的习惯，我创设了"小手真干净"的墙面环境，每天都会有洗得又快又干净的小朋友作为"榜样"荣登这一面光荣墙，他们纷纷想成为大家学习的好榜样，洗手变成了一件快乐的事。榜样的作用带动了一些平时不愿洗手的幼儿，他们也纷纷跟着大家认真洗手,还互相模仿与学习看谁洗得又快又干净呢!

3. 儿歌学习事半功倍

在盥洗室里,有的幼儿一边洗一边说:"细菌、细菌洗掉你。"幼儿在知道了细菌的存在、并且很小很小看不见后,就开始有了主动洗手的意识。之后,我请幼儿讨论"什么时候应该洗手?"幼儿纷纷告诉我:"吃饭前要洗手"、"小手弄脏了要洗手"、"上好厕所要洗手"、"回家要洗手"等,在大家的共同努力下我们用儿歌的方式说出了一日活动中洗手的时间和方法。在洗手中幼儿收获着养成习惯所带来的快乐!

(三)如何培养幼儿良好的进餐习惯?

1. 循循善诱,教会幼儿正确使用小勺

小班不会拿勺吃饭的幼儿占70%,他们在成人宠爱中没有得到学习、锻炼的机会,致使手指精细动作发展不协调。教师可以用好听易学的儿歌来教会幼儿吃饭的方法:"左手扶小碗,右手拿小勺。小勺盛米饭,小嘴悄悄尝,宝贝自己吃,越吃越香甜。"另外,教师可通过各种游戏,让幼儿锻炼手指的灵活性。在家里家长也可以在开口的塑料框上贴上娃娃头或动物头,在碗里放点花生、小糖果之类的,让他们学习用小调羹喂娃娃和小动物吃饭。

2. 耐心引导,打消幼儿依赖的心理

午餐时经常会有这样的镜头:小朋友手臂挂在椅子两边,手不拿勺也不扶碗,依赖心理和习惯性让他们在这里等待着教师来喂。对于这样的现象,家长和教师之间的教育一定要保持一致性:坚决动嘴不动手。可以多提醒幼儿,坐在旁边看着他,可以帮他把饭热一热,但是,坚决不能喂他。秋冬季节饭菜也会凉得很快,如果都要等着教师去喂是万万不行的,也不利身体的健康成长。我们可以让幼儿先少吃点,再逐渐增加,直到吃完。

3. 持之以恒,帮助幼儿改掉挑食的不良习惯

挑食是非常不好的习惯,不利于幼儿健康。挑食的现象在小班比较普遍,需要家园共同配合来改变幼儿不良的饮食习惯。

(1) 餐前引导,调动情绪

家长可以在每天吃饭前向幼儿介绍一下菜的营养价值,尽量以正面引导为主;周末的时候可以带幼儿一起去买菜,丰富菜的名字,尽量让他们每种菜都要尝试。幼儿园里每天的菜都是经过营养分析的,教师可以在班级主页上增设幼儿园每周菜谱,让家长在家中鼓励,让幼儿早有准备。

小班幼儿还处在直觉思维的阶段,他们易受具体事物的直接影响。同时幼儿都非常喜欢模仿成人。针对幼儿的这一心理特点,教师要重视每天饭菜到班后的引导工作。特别是遇到幼儿不太喜欢的菜,可以用夸张的动作和语言来表现出自己对这个菜的

喜欢。如"青椒土豆丝"，有些幼儿不想吃，就可以夸张地用力闻闻菜的香味，做出很陶醉、很想吃的样子。这样幼儿的情绪一下子就能被调动起来。

（2）浅尝即止，逐渐加量

不愿意吃的东西摆在面前，是一种压力，非常影响进餐的情绪。这时对量的有效控制，有助于给幼儿减轻心理压力，让他们更容易接受本不愿接受的食物。

"浅尝即止"是第一步，尝一小口，试试味道，让他的身心慢慢适应食物、接受食物。"逐渐加量"是一个慢慢的过程，由少到多，教师要有足够的耐心。表扬得适时给予，让幼儿的行为及时得到教师和家长的肯定，让他感受到来自成人的关心。

（3）巩固保持，奖励肯定

点滴的进步来之不易，一定要保持住。这时抓住幼儿"爱表扬"、"好表现"的心理，给予幼儿一些言语上、物质上和行动上的奖励，不但能帮助他养成好习惯，还会让他更自信。五角星是他们的最爱，是最好的物质奖励。家长可以在家里设置一个评比角，准备一些好看的贴纸，每周记录他在家用餐的情况，如果一周下来幼儿有进步，就可以买个他喜欢的小礼物，调动他的积极性。

（4）注重幼儿进餐后的卫生教育

著名教育家陈鹤琴提出"凡儿童自己能够做的，应当让他自己做"。他还提到：家庭教育中"娇生惯养"是对幼儿无原则的爱，它有损幼儿的身心发展。收拾餐具、擦嘴、擦手这些幼儿自己能做的事就应该自己做，这也是培养自我服务的机会。"做中教，做中学，做中求进步。"幼儿在家长和教师不断地提醒协助下，慢慢从"不自觉到自觉"、"被动到主动",渐渐地养成良好习惯。

养成幼儿良好的进餐习惯不是一蹴而就的事情,可一旦养成了好的习惯,就要使幼儿坚持下去,持之以恒。家长要多与教师沟通,争取他们的理解和配合,及时交流幼儿在园、在家的情况,使幼儿在园和在家里的表现一样,家园共育、步调一致,幼儿的习惯才会在不断的巩固中得以养成。

案例分享 对于不愿意主动为自己倒牛奶的幼儿该怎么办?

我的疑问:

为了锻炼小班幼儿的生活能力,制定良好常规,幼儿园要求小班幼儿自己为自己倒牛奶,培养自己的动手能力,锻炼小肌肉,并努力培养"喝多少,倒多少"的不浪费精神。但是慧慧每次都不愿意自己倒牛奶,洗完手之后就坐在小椅子上,眼睛看着保育老师,想让保育老师为其倒牛奶,没有人帮她的话她就情愿不喝,对于这些不愿意为自己倒牛奶的幼儿该怎么办呢?

专业判断:

有些幼儿什么事都由家长代劳,其主动性和积极性就会变差,认为什么事情都会有人帮我去做,在幼儿园中依然如此。想要改变这一不良的生活自理习惯,需要一个很长过程,其中很大的关键就是要与家长沟通协作,认清问题的关键点,共同合作培养幼儿的良好习惯,实现家园共育。

问题解决：

1. 增强幼儿的主动性

让幼儿自主喝牛奶不是一天就能够达成的目标，教师应该循序渐进地培养幼儿。"哎呀，你看，这个小朋友的牛奶是自己倒的呢，而且一点都没有滴出来哦，本领真大，你也来试一试，好不好呀？"只要幼儿愿意去尝试，就是一个很大的飞跃。还可以请其他小朋友帮助，手把手教他要怎样倒。自己倒牛奶的小朋友可以得到五角星。

2. 与家长沟通合作

增加幼儿生活自理的意识不是一蹴而就的，它需要一个过程，更需要幼儿家长的配合，才能达到良好的效果。所以教师需要和家长多沟通，让家长也了解到培养孩子生活自理能力的重要性。只有家园共同配合，朝着一个目标前进，幼儿才能改掉不良的生活习惯。在家中，多多鼓励自己的事情自己做，家长尽可能不包办孩子力所能及的事情，长时间的坚持必定换来满意的结果。

案例分享　怎么帮助幼儿掌握筷子的使用方法？

我的疑问：

5月开始，小班幼儿开始使用筷子吃饭，部分幼儿已经学会了筷子的使用，部分幼儿使用筷子还不灵活，极个别的幼儿不能很好地掌握筷子的使用方法，存在方向性偏差，也易受到同伴的影响。那么在短时间内怎样帮助幼儿掌握筷子的使用方法，有什么方法能改变幼儿不会使用筷子的状况呢?

专业判断:

使用筷子是小班下学期的要求,在上半学期部分幼儿在家中还有大人包办喂饭的现象,调羹的使用还未完全掌握,使用筷子是需要一定时间锻炼的。部分家庭中,老人与父母之间的教育方式存在偏差,父母由于工作繁忙无法在平日带孩子,就交托老人管教。在老人的教育观念中,关键是孩子能吃饱,至于幼儿是否能够很好地使用筷子,老人根本无法了解也不懂其中的学前教育观念。只单凭父母在周末的教育是远远不够的,所以教育观念的不统一也是造成幼儿学习过程停滞的原因。

部分幼儿在使用筷子的过程中,会出现不同的姿势。教师在幼儿使用筷子前,并没有基本的铺垫,也未和家长做好沟通,使得大部分幼儿在调羹还未完全掌握的情况下就开始使用筷子,所以教师应先反思自己的教学计划。

问题解决:

1. 开展集体教学活动,养成正确姿势

在和师傅商量之后,我们采用了幼儿都非常感兴趣的巧虎形象,为幼儿开展了两节有趣的集体教学活动,第一节活动为“有趣的筷子”,第二节活动为“我会用筷子了”,共采用了两个课时。第一课时的活动,激发幼儿对于筷子的兴趣,能够对使用筷子产生好奇心。第二课时的活动,我们播放了巧虎在影片中正确使用筷子的录像,并通过录像,用照片以步骤的形式放大展示,让幼儿更清晰地了解使用筷子的方法。之后让幼儿跟着巧虎一起学儿歌,并自由进行操作,教师进行指导。

2. 家园配合,促进练习

家长应该配合教师在进餐的时候也给幼儿使用筷子。家长不但要监督幼儿正确地使用筷子,而且要让幼儿意识到家长也是有原则的。家长不用过多担心幼儿吃不饱、吃不快的问题,只有家长的坚持才能让幼儿了解到使用筷子是他必须要做的事情。年轻的家长也要同时给予老人原则和底线,同一个家庭中,需要大家保持同一种态度,幼儿才不会有空子可钻,才能坚持正确地使用筷子。

3. 创设有趣环境,融入个别学习

幼儿掌握筷子的时间和方式都是不相同的,并且部分幼儿对于筷子的使用并不是特别有兴趣,甚至会有反感的情绪。所以我们将使用筷子融入了个别学习中,创设了有趣的巧虎之家,在巧虎之家中让幼儿用筷子给巧虎和琪琪喂好吃的东西,并且根据幼儿的年龄特点和发展能力采用了不同材质、不同大小的食物来吸引幼儿的注意,激发幼儿的兴趣。在桌面游戏中,我们加入了夹积木的比赛,虽然小班幼儿的竞争意识并不明显,但是我们采用了礼品兑换的方式,激发幼儿对于夹积木的兴趣,并在两两比赛中锻炼幼儿的小肌肉,熟悉筷子使用的方法。

案例分享　如何帮助挑食幼儿逐步改变饮食习惯?

我的疑问:

午餐时思思低着头扒饭,等到饭都吃完,碗里还剩着思思最不喜欢的黄鳝。

我说:"黄鳝有营养,你尝尝看。"思思看看我,勉强把黄鳝扒进嘴里,咽了下去,可不一会儿就把黄鳝都吐出来。我看看周围,有好几个孩子不吃黄鳝。这下我可不敢再催了,生怕幼儿再次呕吐。究竟该如何帮助挑食幼儿改变饮食习惯呢?

专业判断:

幼儿正处在生长发育阶段,营养状况将直接影响到幼儿的成长。幼儿挑食,会造成体重下降、面黄肌瘦、皮肤干燥,甚至出现贫血、低血糖、体温下降、脉搏缓慢、血压下降、营养不良等状况。我们可以分析下幼儿挑食的原因:

其一,可能有些幼儿长期饮食单调。这有两种情况:长期食用某一食物而产生腻感;对长期食用的食物习而惯之,导致排斥某些新加入的口味有异的食物。

其次,受到家长正向或反向的行动、语言诱导。如发现孩子喜欢吃某一食物,就经常夸奖孩子吃该食物吃得香、吃得多,促成孩子偏爱该食物。又如强迫孩子多吃某一食物,本意是想利于孩子健康,却反使孩子对该食物产生反感。又如当着孩子的面评说孩子不喜爱吃什么东西,或者过多责备孩子偏食,无意中强化了孩子的偏食意识,本来还能吃的,反而更加不吃了。

最后,有些孩子由于爱吃零食、过多地吃零食而造成偏食。零食吃多了影响食欲,吃饭时更易挑挑拣拣,久之形成偏食。

有的家庭边吃饭边看电视,或边吃边玩,这样会使孩子分散注意力,不能专心吃饭。有的孩子吃饭时,家长盯着他恐怕他吃不饱,吃不好,慢慢地孩子会把用餐当做抗拒大人的一种手段,用吃饭慢来换取大人对他的注意和关怀，久而久之形成不良习惯。

问题解决：

在幼儿的发展问题上我们一贯主张"因材施教"，要体现个体差异。如果老师从孩子的角度出发，征求孩子的意见，有的要吃得多一点，有的尽量不盛，这样好不好呢？从这件小事得出：在幼儿一日生活的各个环节，在"保底"的情况下如何体现差异，尊重幼儿的选择使其在愉悦中收获成长，是值得我们不断调整策略，认真思考的问题。

1. 菜谱介绍，引发兴趣

教师每天在餐前教育时，可以就今天的菜品种类、口味进行介绍，吸引幼儿的关注。教师还可利用自然角，种植一些幼儿日常挑食的食物。如，种植有气味的植物"洋葱"、"大蒜"、"葱"等，引发幼儿对这些食物的兴趣。

教师还可积极做好家长工作，提醒家长在家中指导挑食幼儿吃饭时，保持平静坦然的态度，不事先加以议论。如，"她肯定不要吃"、"今天不许吐"等。也不要过分担心，避免造成幼儿饮食上的困难和心理负担。

2. 从少到多，逐步"脱敏"

引导幼儿时，不要强迫幼儿一定要吃多少。有些幼儿一听到这些话，会立刻产生抗拒心理。建议每次尝试让幼儿吃一小口，然后慢慢增加，让孩子逐步适应新事物，减低排斥感。要着重强调菜的营养，结合奖励将用餐和愉快的事情进行关联，鼓励幼儿勇敢尝试。

3. 家园共育,巧妙搭配

家长在家中可以将孩子爱吃的菜和不爱吃的菜搭配烹饪。如孩子不喜欢吃胡萝卜,就把它切细包馄饨、把胡萝卜做出胡萝卜泥放入肉糜炸一炸制成胡萝卜丸子。这些巧妙搭配的烹饪食物,能较好地帮助幼儿逐步接受原先排斥的食品。必须强调的是,无论采用何种方法矫正孩子的挑食,家庭的所有成员都要达成一致,才能更好地促进幼儿养成良好行为习惯。

(四)如何让孩子爱喝水?

1. 明确喝水的目的和意义

水对于幼儿来说是非常重要的,因为水是人体组织体液的主要成分,它是机体中含量最高的成分之一,也是机体最重要的代谢物质之一。部分代谢物只有溶解在水中才能排出体外。水的生理功能决定了处在不断生长发育阶段的幼儿每天都需要保证一定的饮水量。因此,幼儿喝水是幼儿园一日生活环节中非常重要的一件事。不管是饮水量还是饮水的方法对正在成长的幼儿来讲都是非常重要的。幼儿园应为幼儿提供健康、丰富的生活和活动环境,满足他们多方面发展的需要,使他们在快乐的童年生活中获得有益于身心发展的经验。要密切结合幼儿的生活进行安全、营养和保健教育。这里面当然涵盖了幼儿的一日生活中必不可少的喝水环节。

2. 家长配合鼓励幼儿主动喝水

培养幼儿良好的喝水习惯是需要家园合作的,所以耐心细致地做好家长工作,才能赢得家长的配合。我们要利用各种途径让家长了解一些正确饮水的常识。如:不能用果汁汽水等饮料代替白开水给孩子补充水分,因为饮料里含有较多的糖分和电解质,容易对幼儿胃部产生不良刺激,影响消化和食欲;不能给孩子喝冰水,容易引起腹痛、腹泻等。在幼儿园教师让幼儿多喝水,更要提醒家长在家也要鼓励幼儿多喝水。每天要安排幼儿定时喝水的时间。早晨起床后,要定时让孩子喝一杯温水,因为,夜间幼儿体内在不断新陈代谢,起床后需要补充水;而且起床后喝水还能促进肠胃蠕动增强食欲,对幼儿吃好早餐能起到很好的作用。晚餐到睡觉之间的这段时间里幼儿基本是生活在家里,他们的活动量也不少,也应让幼儿喝水。尽量避免或少让幼儿喝各种饮料,除了对身体不利外也影响了幼儿喝水的习惯。教师通过这样的宣传,不但可以引起家长对幼儿饮水的注意,也让家长了解到幼儿园对幼儿饮水的重视度。

3. 让墙面说话,营造幼儿主动喝水的氛围

• 地面:教师可以在地面上贴上小脚印,提醒幼儿站在脚印上倒水,这样的距离更合适;在空开一名幼儿的地面上贴上一条横线,告诉幼儿站在横线后面排队;横线后面可以以小圆点或动物等各种形式作为记号让幼儿站在上面排队,避免拥挤。

• 水桶上：中小班幼儿教师可以在水桶水龙头上做好标记，提醒幼儿把水桶上的水龙头转到标记处放水。

• 墙面：教师可以制作喝水墙面，如以每个幼儿的大头贴做底板，准备多于幼儿人数的小挂件（如自制杯子图片等）让幼儿喝一杯水挂一个小挂件，以此来激发幼儿喝水的愿望和兴趣，同时可以让幼儿或家长放学时数一数今天喝了几杯水，既增加幼儿喝水的兴趣也让家长放心。

4. 设计活动，规范幼儿的喝水常规

（1）定时让幼儿喝水，并逐步培养幼儿随渴随喝的习惯

幼儿的特点是兴奋过程强于抑制过程，活泼好动，注意力不集中，喜欢做自己的事情。所以，每天要安排幼儿定时喝水的时间。根据作息时间，教学活动结束后可以让幼儿喝一次水；运动后让幼儿一定要喝水，并且要提醒幼儿可以多喝几杯水；在自由活动时也可以让幼儿自主地喝水；下午运动后也要让幼儿喝一次水。

在培养幼儿定时喝水习惯的同时，还不能忽视培养他们随渴随喝的习惯。由于气温、幼儿活动量、饮食结构、身体状况的差异，定时喝水未必能满足所有幼儿对水的需求，他们随时有渴的可能。所以，在幼儿活动、游戏中要有针对性地提醒他们随渴随喝。中小班的教师要主动提醒幼儿多喝水，而大班的教师需要培养幼儿自主喝水的意识。

（2）通过儿歌等形式来规范幼儿喝水的常规

在集中喝水的时间里，教师可以让幼儿分组去喝水，避免拥

挤。同时教会幼儿一些喝水拿杯子的儿歌,如"小小手,找朋友,杯柄是我的好朋友,握住它,仰起头,咕噜咕噜喝进口,多喝水,少生病,宝宝个个都健康"。让幼儿在儿歌的学习中自然而然了解喝水的要求。小班幼儿在喝水时,教师也可以在一旁轻轻地念儿歌,悄悄地提醒幼儿喝水方式。而中大班教师可以逐步让值日生提醒幼儿喝水时的规则。

(3) 引导幼儿掌握放水量

教师要留意幼儿放水的量,喝水前就要提醒幼儿水放到杯子的三分之二处即可。对于小班幼儿,教师要直观地指出水放到杯子的什么地方,由于小班幼儿手部肌肉还不够有力,可以让小班幼儿放水放到杯子的一半处即可,可以采取"少倒多放"的方法喝水。中班教师可以在幼儿倒水时多观察提醒,大班可以采取值日生或同伴互相提醒的方法。

5. 充分发挥教师榜样作用

在幼儿喝水时,教师也可以跟着一起喝,在老师的带动下,幼儿对喝水更有积极性。对于小班幼儿,教师可以以朋友的身份介入,和幼儿一起喝水,激发幼儿喝水的兴趣。

案例分享　如何让小班宝宝爱喝水?

我的疑问:

放学时,宣宣的妈妈让宝宝在幼儿园喝点水再走,宣宣摇摇头拉着妈妈就走。妈妈说:"在幼儿园里你不喝水,回家更不肯喝了。"这一句话引来了周围家长的共鸣:"现在的孩子在家都不肯喝水,就要喝饮料。"家长你一句我一句地议论着。

于是就有家长要求老师在幼儿园提醒孩子多喝水。面对家长的千叮咛万嘱咐,我感到责任重大。如何让孩子喜爱喝水,在家也主动喝水呢?

专业判断:

穿衣、喝水这些在成人看来再简单不过的生活内容,却构成了幼儿生活习惯养成教育的点点滴滴。幼儿良好的生活习惯是指幼儿在科学引导的基础上,经过多次重复固定下来并变成需要的行为方式,幼儿期更是良好生活习惯形成的关键期。"一日生活皆教育"的理念是帮助新教师摆正儿童观、教育观的重要任务。

新教师往往容易忽视幼儿生活习惯的养成,对于幼儿良好生活习惯的培养,除了需要教师持之以恒地引导外,还要能抓住孩子的兴趣点,以有趣的情景和事物去吸引他们的注意,引发他们的自主性。

问题解决:

1. 找出原因

其一,从孩子的年龄特点分析,他们比较喜欢有味道的食物,所以当面临饮料和白开水的选择时,孩子往往会毫不犹豫地选择甜甜的饮料。

其二,通过和孩子们的聊天我发现,其实孩子对饮料的喜欢不仅限于它的味道,漂亮的外包装也是他们爱喝的原因之一。

2. 激发兴趣

在了解到孩子们对漂亮的外包装感兴趣后，我制作了"宝宝爱喝水"环境墙，孩子每喝一杯水，就可以在自己的照片旁边挂一个漂亮的小水杯，希望以这样的方式来吸引孩子的兴趣。

在喝水的过程中孩子们会在挂杯子的同时进行小小的比赛，看看谁喝的多，挂的漂亮水杯子就多，由此逐步形成喝水习惯。

3. 讲解作用

我从网络上寻找并改编了一个适合小班孩子的《水宝宝小故事》，在生活活动时用故事的形式告诉孩子多喝水的益处。通过认知理解、兴趣激发、巩固习惯，多管齐下帮助宝宝们爱喝水。

4. 行为示范

帮助幼儿养成良好的喝水习惯也要从成人做起。教师可以向家长发布科学的一日饮水时间表，鼓励家长在清晨和晚间等固定时段和孩子一起饮水，通过榜样的示范作用，逐步引导孩子爱喝水，知道喝水的好处。

（五）午睡时教师要关注什么？

1. 幼儿午睡的重要性

儿童要午睡，是由人的神经系统特点决定的。越小的儿童，大脑皮质的机能越弱,神经细胞越易疲劳。所以经不起过多的刺激,也负担不了太久的工作和学习。对于儿童来说,午睡不仅能消除疲劳,利于下午的活动,而且入睡后脑下垂体前叶分泌的生长素增多。在剧烈运动后入睡,生长激素分泌就更多。儿童比较好动,活动了一上午,如果中午不睡觉,就会导致睡眠不足,可能会使生长激素分泌减少,影响生长。

午睡是幼儿一日生活的一个重要环节。幼儿午睡是根据幼儿的年龄特点和身体需要而设置的,它对"促进幼儿身体正常发育和机能的协调发展,增强体质,培养良好的生活习惯、卫生习惯和参加体育活动的兴趣"起着重要的作用。

2. 幼儿午睡时的注意事项

(1) 保教人员必须重视和充分认识幼儿午睡的重要性,全身心地投入到幼儿午睡的管理中去。

教师要认清工作的性质,午休时,要把全部的精力都集中到带班中去,密切注视幼儿的举动,发现幼儿踢被子要赶快为其盖好;对个别入睡慢、交头接耳、做小动作的幼儿,教师要用暗示的方法、悄悄话的形式或爱抚的手段鼓励幼儿安静入睡,造成一种安谧的午睡局面,使每一个幼儿都能得到充分合理的休息,保证有足够的精力投入到下午的各项活动中去。

(2) 午睡期间,教师绝对不允许睡觉或打瞌睡,要随时应对可能发生的问题,做到心中有数,防患未然。

保教人员要不断巡视,仔细观察幼儿的动态,掌握幼儿的午睡情况。如:对个别尿频幼儿要及时叫醒,让其小便,尤其是当幼儿午餐喝水、喝汤较多时更应引起注意,防止幼儿尿床现象的发生。

3. 幼儿午睡前的准备

（1）注重幼儿午睡前的情绪调节

在午餐后至午睡前这段时间,教师既要避免让幼儿进行剧烈的运动,也不能让幼儿静等,应本着以静为主,动静交替的原则安排这一时段的活动。

① 组织幼儿在进餐后听故事或欣赏音乐。幼儿围坐在一起,听老师讲故事,或让能力强的幼儿讲故事,这样可以开阔幼儿的眼界,又能培养幼儿爱好文学及认真听讲的好习惯。教师还可以准备一些符合幼儿年龄特点的歌曲,使幼儿在感受音乐美的同时,保持情绪的稳定,为午睡做好准备。

② 组织幼儿散步。带幼儿在院子里散步,让孩子们观察花草树木的变化,互相谈一谈自己看到的、听到的,让孩子们在大自然的怀抱里享受无穷的乐趣。睡前散步不仅有助于食物的消化,而且有利于气血的流通,使幼儿能够更好地进入睡眠。

（2）创设舒适的午睡环境

① 教师可根据幼儿的年龄特点,在寝室内粘贴一些睡眠中的动物图案,或者在墙上布置一些星星、月亮等符合睡眠环境的图案,以增强睡眠的安静感。

② 幼儿的寝室要保证每天开窗通风,清洁寝室内卫生,以保持室内空气的新鲜和环境的舒适干净。在流行病高发的季节里,要做到勤消毒,以确保幼儿的身体健康。

③ 睡前,教师要拉上窗帘,等幼儿入睡后,稍微开一些窗帘将

光线微透入卧室,使保教人员可以观察到幼儿的面色情况。为幼儿入睡创造一个安静、暖和、舒适、宽松、空气流通的睡眠环境,从而提高幼儿的睡眠质量。还可以根据幼儿不同年龄特点选一些适合睡眠的轻音乐,在睡觉时播放,帮助幼儿睡眠。

④ 合理安排幼儿的床位也是保证午睡质量的一个重要方面。体弱的幼儿应安排在背风处,体质较好、怕热的幼儿可安排在通风处(但不吹对流风),易尿床和活泼好动、爱说话的幼儿睡在老师能够照顾到的地方。

⑤ 在入睡前,教师应督促幼儿及时大小便,然后指导幼儿按顺序脱衣服,整齐摆放,并告诉幼儿穿、脱衣服的正确方法、睡觉时的正确睡姿,让幼儿感受到教师对他们的关心和爱护,从而安心地进入睡眠。

4. 各年龄幼儿午睡时教师关注要点

(1) 小班幼儿:

培养小班幼儿养成良好的午睡习惯尤其重要。这将影响到幼儿在中大班的午睡习惯。培养小班幼儿良好午睡习惯时,需要耐心、关心。

① 耐心:新生午睡所需的第一"心"

开学之初,幼儿刚来幼儿园,注意力还没有从离家的焦虑中分解出来。幼儿的情绪还不是很稳定,哭闹者不在少数。为了让幼儿熟悉幼儿园的生活习惯。我们按照作息时间让幼儿上床。两个老师一个保育员一同看护幼儿。对幼儿使用强硬的手段是绝对不行的。一方面要稳定幼儿的来园积极性,一方面又要让幼儿从作息规律中习惯幼儿园的一日生活。教师需要一遍又一遍地用语言、动作、怀抱来安抚幼儿,耐心地和孩子解释,耐心地安慰孩子,耐心地轻拍,耐心地对待幼儿的要求。只要幼儿能够在床上躺下,养成午睡习惯就迈出了成功的一大步。

② 关心:幼儿午睡过程中的第二"心"

幼儿在整个午睡过程中,并不是一直安然无恙的。需要教师不时关心,才能够确保午睡质量。首先,关心好动幼儿。午睡刚开始,幼儿还不能静下心来,不时地要和旁边的幼儿发生接触,或者玩弄一些小东西。这时如果老师不去关心,那这个幼儿就可能影响别的幼儿入睡。这时候需要老师悄声巡视,不时暗示幼儿安静入睡,一直到午睡室能够安静下来。

其次,主动关心特殊幼儿。午睡中间,要对特殊幼儿特别关心,隔段时间要观察一下。对于不良睡姿的幼儿要轻声提醒帮助他改正。特别是要关心有特别征兆的孩子。如不安躁动的幼儿可能是他需要如厕,脸色异常的幼儿可能是身体不舒服。还需要老师细致地询问,关心其内心的想法,才能够确保幼儿安然午睡。

(2) 中、大班幼儿:

① 注意幼儿的睡姿。好多幼儿都喜欢趴着睡觉,他们觉得趴着睡觉很舒服,但趴着睡觉会压迫幼儿的心脏,对生长不利。教师一定要及时纠正错误的睡姿。

② 教师必须来回巡视。有的幼儿睡觉比较多动,喜欢翻来覆去,因此被子盖不牢,教师要及时帮助幼儿盖好被子。有时有的幼儿还醒得早,在床上玩弄东西,女孩子头上的发夹也成了他们玩的

对象,甚至有的幼儿还喜欢把玩物放到嘴巴里,因此教师要及时观察每一位幼儿,以防出现意外。

③ 让幼儿养成自己叠被的习惯。习惯的培养必须从小开始,所以幼儿园应培养幼儿养成良好的习惯,包括卫生习惯、劳动习惯、学习习惯等等。幼儿午睡起来教师可让他们学习自己折叠被子,也许刚开始需要老师的提醒,但过段时间之后幼儿就会自觉地叠被子,这对他们以后的生活也会有一定的帮助。午睡管理虽然看似简单,却也责任重大,教师一定要认真对待。

5. 对特殊情况幼儿的午睡关注

(1) 辗转反侧难入睡

在正常的活动安排下,幼儿的活动量是很大的。相应地也会很容易入睡。如果哪个孩子与平时的情况不同,翻来覆去难以入睡,有经验的老师马上就会想到可能不舒服了,需要通过耐心询问,了解情况。如果排除尿急、依恋等因素,很可能就是孩子发热的征兆。

(2) 手心脚心屁股烫

有的幼儿久不入睡,在光看体表不确定是否还有其他症状的情况下,先摸摸他们的手心、脚心,还有屁股。可以对比一下其他孩子的温度,感受卜什么温度是正常的,而发烫的屁股往往预示着肛测体温在 38℃以上。

(3) 呼吸急促鼻息重

熟悉每个幼儿的鼻息声。平静入睡的幼儿,呼吸比较均匀,平稳通畅。有发热症状的幼儿因为心率高,呼吸就会急促。有时还会因为鼻腔的不适有较大的声音,张嘴呼吸或者下意识举手挖鼻子的动作。这些都是判断幼儿是否发热的信号。由于幼儿的神经中枢发育不健全,易出现高热惊厥等情况。

当然,这只是幼儿不适的最初判断,不代表科学的测量。但是在与幼儿的交往过程中,一点一滴的观察可能都会为教师的工作和孩子的健康带来收益。

6. 对个别睡眠少,入睡慢的幼儿的关注

教师如果对个别睡眠少、入睡慢的幼儿缺少得力的管理方法,就会影响其他幼儿的休息。有的幼儿天生睡眠少、入睡慢甚至整个中午不合眼,同时还要拉邻床同伴讲话、玩耍,使想睡的幼儿不能安然入睡。

幼儿午睡是一种集体行为,与具有一定个体自由度的其他集体活动不同的是,午睡要求幼儿能大体同时安静入睡。但有的幼儿属于午睡主动型,入睡时间短;有的幼儿属于午睡被动型,入睡时间长;还有的属于天生睡眠少的难以入睡型。午睡被动型和难以入睡的幼儿上了床,部分就会出现说话兼做小动作的现象,在照顾幼儿午睡的过程中,教师一方面要考虑幼儿的个体差异;另一方面,也要探索适宜的方法,尽量提高睡眠的一致性。

(1) 采用"循序渐进"的方式促进幼儿良好的午睡

俗话说得好,一口吃不成胖子,坏习惯也不是一天两天能改得掉的。对此,在教育那些自始至终都睡不着的幼儿时,教师可采用"循序渐进"的方式,要求他们改掉不午睡的坏习惯。上床后幼儿睡不着,教师可以坐在他旁边,轻轻拍拍他,必要时可以小声给他

唱一首摇篮曲,不过教师在唱时要用一种特轻柔疲倦的声音,同时不断重复"睡觉了"、"闭上眼睛了"、"已经睡觉了",声音断断续续,缓慢无力,最后逐渐减弱,变得若有若无来帮助其睡眠。如果幼儿一会又醒了,在床上翻来覆去,教师可让他起来,做一些安静的游戏,如看看书,做做手工等。另外,给幼儿制定一张记录卡,用来记录和评价幼儿的进步情况,粘贴在幼儿起床后就能看到的地方,让幼儿知道自己在进步,适时予以鼓励和表扬,不要让他觉得睡觉是一件苦恼的事。

(2)运用讲故事和表扬的方式引导幼儿尽快入睡

讲故事是幼儿比较喜欢的一项活动,教师可以利用幼儿的这种喜好,用故事引导幼儿尽快入睡,男孩子尤其爱听奥特曼的故事,女孩子喜欢白雪公主等童话故事。抓住幼儿的特点,和那些睡眠少、入睡慢的幼儿协商好每天中午讲两个故事,然后让他们根据故事情节把自己编到故事里去,起床后再把自己的梦讲给其他小朋友听。而且教师要在全班幼儿面前及时地表扬,可利用"小红花""小红旗""五角星"等方法对入睡快的、有进步的幼儿及时给予奖励,让这些幼儿认识到他们是因为尽快入睡而受到的表扬。教师也可以将他们的进步告诉他们的父母,这样可以有力促进睡眠少、入睡慢的幼儿尽早入睡。

7. 家园配合关注午睡习惯

幼儿良好午睡习惯的养成,还需要家庭教育的配合。部分幼儿和爷爷奶奶生活在一起,受到了过分的疼爱,没有固定的睡眠时间,任由孩子高兴什么时间睡就什么时间睡。这样一来,孩子晚上睡得晚,早上起不来,一直睡到九、十点才起床;有的幼儿因为父母工作的关系导致家庭生活没有规律,而父母不良的生活习惯也直接影响了孩子的睡眠习惯;有的家长对正确睡眠姿势的认识不够,无视其对孩子健康的危害,久而久之影响到了孩子的睡眠质量;还有些孩子因受家庭环境或家长潜移默化的影响,染上了一些不好的睡眠习惯,如吸吮大拇指、弓着身体趴着睡觉等,这些都会导致幼儿睡眠质量下降,进而影响幼儿的生活和学习,甚至影响到幼儿的身心健康。

针对以上问题,可以通过家长宣传栏、家长会、成长册、个别交流等与家长直接沟通,要求幼儿在家休息时采取与幼儿园一致的作息时间,从而使家园步调一致,相互配合,共同培养幼儿的午睡习惯。

8. 关注午睡保教工作中的四勤

做到四勤:眼勤、嘴勤、手勤、腿勤。

眼勤:就是眼睛要时刻盯着幼儿,严密注视幼儿的举动,发现问题,及时处理。

嘴勤:就是对个别不能安静入睡,比较调皮、好动的幼儿,要耐心地不断地劝说其改掉不良习惯。对个别睡姿不正的幼儿要及时提醒让其养成良好睡姿。

手勤:就是对个别踢被子的幼儿要亲自为其盖好被子。对个别衣服、鞋子摆放不整齐的中、大班幼儿,教师要做好示范,教育幼儿叠好、放好。

腿勤:就是带班教师不能老坐在床头或椅子上指手画脚,要在室内来往巡视,仔细观察幼儿的午睡状况,这样才能有效地关注幼儿的午睡。

总之,午睡是幼儿一日生活卫生保健工作中的重要环节,从医学保健角度分析,幼儿进入睡眠时,身体各部位、脑及神经系统都在进行调节,睡眠的好坏直接影响着幼儿的生长发育、身体健康和学习状况。为此,幼儿教师必须做好幼儿午睡的管理工作。

<u>案例分享</u>　如何在午睡时把握帮助幼儿的尺度?

我的疑问:

午睡时间到了,我带领孩子们进入卧室准备午睡。由于天气转冷,宝宝们穿上了毛衣,脱起来有些困难。晨晨第一个大喊:"李老师,毛衣我脱不来,快来帮帮我。"我刚刚帮他脱完,那边的月月又叫起来:"李老师,李老师,帮我脱裤子。""来了,来了。"我连忙又走向月月。

孩子们叫喊的声音此起彼伏,有几个孩子等不及我过去,就离开自己的小床跑出来。我的身边围着一群要求帮助的孩子,卧室里乱哄哄的。

我应该怎样让孩子们有序地自己学脱毛衣,让卧室恢复安静呢?

专业判断:

小班的孩子来自于不同的家庭,他们的自理能力受年龄、动作发展及家庭环境等多种因素影响。因此在小班阶段,幼儿生活自理能力的差异十分明显,的确需要教师给予必要的支持。诸如此类的问题还可能表现为,帮助进餐困难的孩子喂饭、如厕后帮助小年龄孩子整理衣裤,等等。

与此同时,幼儿对教师的求助声此起彼伏,也源于小班幼儿具有爱模仿的从众心理特点。他们将呼叫老师作为一件有趣的行为事件进行模仿,以此来吸引老师的关注。

其实教师对孩子的生活指导重在培养幼儿良好的生活习惯,这不等同于简单地代替幼儿完成活动中遇到的困难。有时教师会在家长的要求下给予年幼的孩子特殊照料。但一味单纯的帮助,其实影响了幼儿自立自主的发展机会。

面对这样的现状,新老师应该思考,怎样做才是最适合幼儿的,怎样的指导能帮助幼儿逐步学会自理。要了解幼儿自理过程中的瓶颈问题,具体分析,把握给予孩子的帮助尺度。

问题解决:

1. 仔细观察,认真记录

通过观察比较,我发现了带教老师宋老师在午睡指导时的一些有效做法:

① 让幼儿学会求助的方法。幼儿如厕后进入卧室,坐在自己的床上脱衣物。如果需要老师帮助,便会坐在自己的床上并举手告诉老师,宋老师就知道哪些幼儿需要帮助。

② 让幼儿掌握穿脱衣物的"要领"。当幼儿举手告知老师"我需要帮助"时,宋老师总是帮助幼儿脱掉一只袖子,另一只袖子让幼儿自己试着去脱。

2. 反思内容,分析原因

① 当幼儿做午睡准备时,宋老师让孩子们坐在自己的床上举手。这样的做法有效地维持了卧室内的秩序,让幼儿在比较安静的环境中整理衣物,避免幼儿喊叫模仿,挤在一起。而且井然有序的环境促进了幼儿的午睡氛围,提高了效率。而我在组织的时候没有关注到细节问题,孩子一个个走到老师面前寻求帮助,卧室不仅混乱,且有一定的安全隐患。

② 幼儿请我协助脱衣服时我会把一件衣服都脱下来,而宋老师只是帮助他们脱掉一只袖子,另外一只袖子由幼儿自己去尝试。这样的做法,即节省了时间,又为能力弱的幼儿提供范例,给予练习的机会,有利于幼儿通过自己的努力获得脱衣的经验和成就感。

而我的做法,要花费更多的时间,更重要的是忽略了幼儿尝试改进的机会。如果每次都是我帮助幼儿脱掉衣服,他们就不能体验到成功的快乐,幼儿的能力与发展又从何说起呢?

3. 反复实践,迁移运用

发现问题、分析问题之后,我便在实践中不断尝试和摸索。经过一段时间,我带孩子做睡前准备的效率逐步提高。在其他生活活动中,我也沿袭了宋老师的指导思路,改变了一帮到底的方式。如,天冷洗手时,我提醒并协助宝宝拉一边的袖子,另一边让孩子自己学着卷起来。午餐时,我不再搬椅子从头到尾陪在吃饭慢的孩子身边,而是利用榜样带动作用,鼓励他和吃饭快的孩子一起吃。就像《翠鸟爱子》故事告诫我们的,给予孩子正确的方法,逐渐放手,让他们能够独立,才是真正的爱。

案例分享　如何让小班的孩子安静、愉快地入睡?

我的疑问:

新学期开学了,每到午睡时,较敏感的孩子就不愿入睡,哭着要回家。淇淇的情况特别明显,他甚至连卧室的门也不愿进入,就坐在自己的小椅子上对着门外哭着喊着:"爷爷,我要回家,你快来接我呀。"他的大喊大哭还带动了其他的孩子,原本一些不哭的孩子在他的情绪带动下也跟着抽泣起来。怎么做才能让这些孩子停止哭闹呢?

专业判断:

新小班的幼儿刚刚离开父母和家庭来到幼儿园,难免因对新环境不适应而产生焦虑,他们的焦虑情绪可能表现为不愿睡觉、大哭大闹或躲在角落等等,表现强弱和持续时间也是不同的。

对于幼儿来说,午睡环境必须是他们熟悉、安心、放松的环境,只有这样他们才能安然入睡。对于新小班的幼儿来说要尽快适应这一点是有一定难度的,所以首先要让幼儿熟悉环境,让他们知道这里是宝宝可以放心睡觉的地方,很安全。

对于教师来说,如何让宝宝们顺利地度过焦虑期,其核心关键是能让幼儿感受到关爱,转移幼儿对家人的"情绪依恋"。除此以外,教师在开学环境布置时要积极营造"家"的氛围,用温柔的声音和幼儿交流,鼓励特需幼儿从家中带来熟悉的物品,在午睡时怀抱入睡,诸如此类都能有效安抚幼儿的心理,帮助他们逐步适应新环境。

我的解答：

1. 小故事，定情绪

遇到幼儿一到午睡时间就要哭闹的问题，我上网查询了如何帮助幼儿睡眠的文章。其中一些文章中介绍，可以放些舒缓的音乐、讲些睡前的小故事给幼儿听，帮助幼儿稳定情绪。于是我便尝试选择柔和的故事讲给他们听，果然幼儿听着故事、儿歌渐渐安静了下来。

2. 创情境，减焦虑

我在卧室门口贴了可爱的卡通小猫咪形象，提醒幼儿进入卧室就要像小猫咪那样轻手轻脚，保持安静。对于特别不适应的幼儿，我允许他们带些自己熟悉喜欢的玩具来幼儿园，午睡时可以抱着，增加安全感，逐步安抚情绪。

在平日我增进和焦虑幼儿的交流频率，让他感觉老师就像妈妈一样，慢慢建立一种亲切感，逐步减低幼儿对新环境的焦虑。

3. 小奖励，助午睡

面对睡觉有进步的幼儿，起床后我都会给他们一个小猫咪的贴纸进行鼓励，表示他们能像小猫一样保持安静、会休息。小班的孩子很容易受到鼓舞，渐渐地他们为了得小猫咪贴纸而安静午睡。

案例分享　大班孩子入睡难，该怎么办？

我的疑问：

午睡时间到了，所有的孩子都躺了下去，我将窗帘拉上并小声放着轻柔的音乐。可不少孩子还在玩着身边可以触及的东西：妍妍在玩自己的被角，妮妮在看自己的手指，铃铃仍在找舒适的睡姿。

于是我轻轻走到妮妮的身边，她立即停下了手上的动作，并把眼睛闭得紧紧的，我在旁边陪着她静静地入睡。可在卧房的另外一边，帆帆又开始将自己的脚伸出被外并高高抬起。当我正想离开去看帆帆时，妮妮又小心翼翼地睁开眼睛。

我该如何才能解决大班孩子入睡难的问题呢？

专业判断：

到了大班，午睡开始出现入睡慢、睡眠时间短等特点。这与幼儿的生长发育是有关系。5—6岁为幼儿脑兴奋期，经常受外来刺激影响而造成入睡困难。有的幼儿可以玩着被角，一下午不睡觉。

所以，新教师在指导大班幼儿午睡的时候常常会发生顾得了这边却顾不了那边的情况。一味陪伴在幼儿身边睡觉不仅不能解决问题，还会让幼儿需要依赖教师才能睡着。

问题解决：

1. 正面激励

创设正面激励的环境，让幼儿从被动的午睡转为自主自觉的午睡。我和带教老师商量后决定在卧房里创设"睡觉星宝宝"的卧室环境：一颗星代表需要老师陪伴才能睡着的孩子，二颗星代表老师只需提醒就能睡着的孩子，三颗星代表能自己睡着的孩子。在每个孩子的床头都有插塑片，根据孩子们午睡的表现增加或者减少星星。这个环境的创设彻底改变了我班午睡的情况，孩子们都想当最棒的三星宝宝,很多孩子起初只能得到一颗星星,需要老师的陪伴才能睡着,但过了没多久,我们看到了他们的进步,从两颗星到最后的三颗星。这种将午睡化为孩子自主管理的行为是可行的。

2. 个体差异

对待由于体弱多病而不想睡觉的幼儿,要加倍照顾。我帮助他们营造一个温暖的外在环境及温馨的心理环境。如,先铺好暖暖的床,待他睡下后,轻轻抚摩孩子的头,问问他是否舒服,对他说等睡醒后,他的身体会更棒。入睡后经常巡视,对这些孩子要特别关注。有些幼儿入睡后,会因踢掉被子而受凉,我便及时地帮孩子们盖好被子。

3. 对症下药

在开学初的大教研活动中,我们开展了关于教师如何帮助幼儿从"睡着"到"睡好"的研究讨论。老师一味地关注要孩子"睡着",那些睡不着的孩子常常就成为批评的对象,导致幼儿午睡时的气氛很紧张,而孩子是否养成良好的午睡习惯却被忽视。

我们其实更应该关注幼儿睡不着的原因,对症下药。如,感冒鼻塞鼻炎发作了,服药幼儿的药物副作用;遇到高兴的事情了……幼儿心理处于不安定的状态,就会影响睡眠的质量。当我们从幼儿生理、心理的角度出发,找出没有睡着的真正原因,才能有针对性地使用正确方法来进行引导。

案例分享 如何创设卧室环境?

我的疑问:

午睡问题一直都是家长比较关心的问题。在中班第一学期的时候,我收到很多关于午睡时需要教师照顾的特需服务卡和家长的短信,例如:我家宝宝有点咳嗽,午睡多关注;我家宝宝爱踢被子,多关注;等等,可见家长对幼儿的午睡情况是相当关心的。我们也都非常认真地落实特需服务卡上的内容,对午睡需要关注的幼儿给予特殊的照顾。可是,有时教师中午出去开会,未能及时告知保育员情况,导致特需幼儿未被关注(或是保育员忘记翻一下《午睡交接记录》因此不知道需特殊照顾的幼儿)。

该如何创设卧室环境,才能更好地将对个别幼儿的特殊照顾融入环境中,更方便教师关注个别幼儿?

专业判断:

教师可创设"我需要……"环境培养幼儿的自主能力。"我需要……"环境的创设一方面让幼儿更加了解自己,知道自己的需要,另一方面教师也能在巡视中更容易发现需要关注的幼儿并对其进行特殊照顾。幼儿的自我服务意识和自理能力是慢慢培养的,我相信通过教师在生活环境中创设的小细节,幼儿会变得越来越能干,"我自己的事情自己做主!"

问题解决:

根据生活书中"自我服务"的内容,创设了"我需要……"的午睡生活墙。

入睡前,幼儿可根据需求,将自己的照片插入需求袋中,例如,幼儿今天身体不舒服,想要大人陪伴着入睡,可以将自己的照片插入"我需要你陪陪我"的口袋中;或是幼儿还不能够自己将被子包好,可以将自己的照片插入"我需要你包被子"的口袋中;又或者幼儿今天生病了,有点咳嗽、或刚吃过药,但不需要老师陪着睡觉的,可将自己的照片插入"今天我生病了"的口袋中。这样既能增强幼儿对自己需求的了解,提高幼儿自我服务的能力,又给巡回指导的教师提供了方便,给一些有特殊需要的幼儿更多的关注和照顾。

我又想到,既然有了"我需要……"的环境,为什么不将午睡的生活版块集中在一起呢?比如说,还可以投放盒子和鞋架。盒子上有发夹和眼镜的标志,可以培养幼儿整理物品的好习惯。小女生可以在午睡前将头上的皮筋和发夹取下放在盒子里;戴眼镜的小朋友可以在午睡前将眼镜脱下,收纳好,放在盒子里。有个别幼儿需要上厕所的时候,小鞋架也为幼儿提供了方便。有了这些环境的创设,不需要教师提醒,幼儿就会知道哪些东西是放在哪的,整理和自我服务的能力定会有很大的提高。

(六)幼儿如厕时教师如何指导?

如厕环节是幼儿在园与在家的共通环节,但由于盥洗室环境、人数、成人指导方式的不同,在园如厕难免会使幼儿产生紧张、不适应的情感。所以,教师在如厕环节中不仅要帮助幼儿形成良好习惯、更应为幼儿营造轻松的如厕氛围,让家长放心。那么在如厕环节中,教师应该做好哪些工作呢?

1. 如厕前的准备

(1) 如厕时间，合理安排

① 根据一日作息安排，如厕时间为点心前、运动后、自由活动、午餐前、睡觉前、起床后、离园前。

② 如厕时间要有弹性，尊重一些幼儿的自身习惯，教师要懂得察言观色，避免一些幼儿因为紧张而不敢提出如厕要求。

③ 小班幼儿刚入园时，因对一日生活时间还未习惯，教师要在每次如厕前提醒幼儿，并在其他时间充分地尊重幼儿的如厕需要，不给幼儿造成紧张、恐惧的心理。中班幼儿已对幼儿园生活相对适应，教师要鼓励幼儿合理安排如厕时间，做到不影响其他活动。大班幼儿应更关注幼小衔接，彰显自由活动、课间十分钟等时间段，让幼儿自主、有效地安排如厕时间。

④ 注重平日引导幼儿了解大小便与身体健康的关系，培养幼儿有需要就及时如厕的习惯。

(2) 安全环境，保驾护航

① 如厕前要保持盥洗室地面干燥，以免幼儿滑倒，发现问题应与保育员时刻沟通，中大班可以让值日生事先检查。

② 地面贴有排队指示标记，以免人多造成拥挤。（如小脚印等，教师可根据班级特色进行创设）

(3) 环境支持，洁净如厕

① 教师可以创设环境帮助幼儿掌握正确的如厕方法（如在便池两边贴有小脚印帮助幼儿正确站位、在小男孩便池中贴有荷叶让幼儿小便时为其浇浇水，做到专注如厕）。

② 便纸箱要设置于幼儿蹲下后右手边的适中位置,便于幼儿拿取自如,并保持便纸充足。小班可提供较柔软的纸巾;中班可提供事先已对折的便纸,以免便纸过薄擦不干净,减少幼儿学习使用便纸的困难;大班可以提供整张便纸,帮助幼儿更好地适应小学生活。

(4) 丰富文化,温馨如厕

小班如厕可着重营造温馨的如厕氛围,减少幼儿如厕时的紧张感,如通过一些幼儿熟悉的卡通形象、动物造型对盥洗室进行布置、在墙壁和挡板上贴一些暗示图片、在台盆或窗台上放一些盆栽、小饰品等,让幼儿感到亲近、放松(装饰品要注重安全性,防止玻璃制品、尖角出现)。

中大班幼儿则可在如厕时加强男女标志的教育,让幼儿了解男女分开如厕,与实际生活接轨。

2. 如厕时的组织

(1) 要求明确,有序如厕

① 在盥洗前应对幼儿提出相应要求,如排队、盥洗室内不奔跑、使用便纸、便前便后洗手等。

② 中大班教师可请值日生提前进入盥洗室协助维持如厕秩序、清理地面以及提醒便后洗手等工作。

③ 为避免盥洗室发生拥挤,教师应组织幼儿分批进入盥洗室。

(2) 明确站位,分工合作

班级两位教师以及保育员需要明确各自的站位以及职责,分工合作,组织幼儿有序如厕。

① 带班教师：需站在盥洗室和教室当中,保证每个孩子都在视线范围内。及时关注幼儿盥洗室遇到的问题,维持幼儿盥洗的有序开展。

② 配班教师：需站教室中间位置,组织剩余幼儿的有序活动。

③ 保育员：需站在盥洗室内,及时帮助有需要的幼儿。及时清洁盥洗室,保持地面干燥、整洁、无异味。全日为幼儿提供好充足的清洁用具(便纸、毛巾等)。

(3) 如厕顺序,要求明确

女孩(大)小便流程：

① 便前用肥皂把手洗干净。

② 站在便池前两腿分开站稳。

③ 抓住裤腰,将裤子脱至靠近膝盖的地方。

④ 慢慢下蹲,蹲稳排便。

⑤ 便后用手纸轻轻将尿液擦拭干净(擦大便时要从前往后擦)。

⑥ 抓住裤腰,用力向上提裤子。先提里面的内裤、衬裤,再提外面的裤子,最后将裤子的两侧、前面和后面整理平整。

⑦ 冲干净厕所。

⑧ 便后洗干净手。

男孩小便流程：

① 便前用肥皂把手洗干净。

② 便池前两腿分开站稳。

③ 抓住裤腰用力向下脱至胯部。

④ 手扶阴茎,对准便池中心位置小便。

⑤ 抓住裤腰,用力向上提裤子,先提里面的内裤、衬裤。再提外面的裤子,最后将两侧、前面和后面整理平整。

⑥ 冲干净厕所。

⑦ 便后洗干净手。

(4) 聚焦问题,加强指导

① 对幼儿如厕过程中存在的喧哗、嬉戏、争抢厕位等个别问题及危险行为,及时进行引导和教育。

② 便前先洗手往往容易被教师、家长、幼儿忽略,为了如厕时双手的洁净、如厕时的卫生,教师应帮助幼儿养成良好的习惯,并与家长沟通,形成家园一致。

③ 对于一些如厕有问题的幼儿(特别是低年龄幼儿)不会或不敢蹲下如厕时,教师或保育员可陪着他,及时伸手扶一把,并告诉幼儿大胆主动求助,逐步适应并独立如厕。

小班幼儿需要教师、保育员多多帮助,到小班末期可以独立盥洗。中班教师可以每周根据班级如厕突出问题进行重点指导。大班教师则可根据一些突发情况进行相应指导。总之,在不同年龄段,教师都要做幼儿的有力支持,以免幼儿产生如厕紧张感。

④ 对于使用便纸,小班幼儿因小肌肉发展还不完善,可先以适应如厕流程为主,对使用便纸没有强制要求。中班幼儿可以指导其使用便纸的方法,从前往后擦,包上纸再擦一次扔掉。大班幼儿则是养成良好的使用便纸习惯,并能节约便纸,培养良好的如厕习惯。擦拭便纸后,幼儿应将便纸丢入便池内,并及时冲厕。教师可在冲厕按钮上贴有大小便符号标记,提示幼儿节约用水与不遗忘冲厕。如厕后,教师可以鼓励幼儿自己整理衣物并检查幼儿的仪

表是否整洁。

⑤ 指导幼儿包肚子应从穿衣服少的春秋季开始,小班幼儿可以在教师的鼓励下尝试自己整理衣物,中班幼儿可以学会同伴相互帮助整理衣物,大班幼儿可以请值日生协助教师一起关注幼儿整理衣物的情况。

⑥ 春、秋、冬季确保每次如厕后,幼儿能将内衣塞进棉毛裤中,以免活动中着凉。夏季要求幼儿将衣裤拉平,穿得舒适即可。

3. 如厕后的完善

(1) 清洁环境,有序整理

及时提醒保育员将便池内的尿液冲刷干净,观察便池台阶上是否有尿液、地面是否有水迹,及时清理盥洗室卫生,保持厕所清洁与安全,避免幼儿滑倒或摔伤。

中大班可让值日生负责盥洗室最后的整理工作,如检查便池是否及时冲洗、最后关灯等。

(2) 发现问题,及时完善

小班幼儿教师可在如厕后及时组织幼儿讨论,中班幼儿教师可请幼儿自己发现如厕中的问题,大班幼儿可进行小组讨论,并制定班级如厕常规、如厕小标记等,以多种形式记录,并张贴在厕所或区域内,提示幼儿自觉遵守。

4. 交流沟通,家园联系

(1) 教师需要与家长沟通,家园共同培养良好习惯,及时与家长交流幼儿在园如厕的情况,重点指导其孩子便后自理能力较弱的家长,加强对幼儿的引导,形成家园一致。

（2）教师可以关注小班幼儿适应如厕的情况,让家长放心;教师可以关注中班幼儿如厕习惯培养,着重教授幼儿使用便纸,让家长配合幼儿园的教育;教师可以关注大班幼儿的合作与自我服务,给予家长一些幼小衔接的建议和指导,共同探讨关于幼儿习惯、能力的问题。

虽然如厕只是一日生活中的一个环节,但如果有了良好的如厕习惯,它将足以影响幼儿一生。教师应加强平日如厕时的观察指导,采用不同的措施,让如厕成为幼儿在园一日生活中一件非常愉快的事情,让家长更放心地把孩子交给你。

案例分享 教师在向幼儿说指导语时,应该注意什么?

我的疑问:

游戏结束了,老师说:"宝宝们,我们去洗洗小手吧,马上就要准备吃饭了。洗手的时候可要当心……"可话音未落,有几个宝宝已经站起来,冲向厕所了。

"宝宝们别着急,祁老师的话还没有说完呢,先不急着去。"我到厕所想把他们叫出来,可是几个行动迅速的宝宝已经甩着湿淋淋的小手,高兴地说:"老师,我洗好了。"

宝宝们为什么这么着急,也不听我把要求讲明白,真让我无奈……

专业判断:

由于要求不明而影响幼儿的实施行为,其主要原因在于教师,但很多新教师并没有意识到,而简单地把错误归咎于孩子。诸如此类的问题将会影响教师在一日带班环节间的组织衔接,影响各类操作活动的有效性。

这就需要新教师正确把握幼儿的年龄特点,尤其是针对小年龄幼儿时,指导语言要直白、形象、易于理解。新教师要勤练语言基本功,必要时记录下有效的指导语言,逐步积累与幼儿的交流经验。

问题解答:

1. 观察带教老师,认真进行记录

对幼儿提出各种要求指令,是教师经常要做的事情。可在我实际带班中却发现自己在这方面存在很多问题。当幼儿听到我发出的小任务后,总有些孩子没听完就急着行动了。于是我仔细观察带教老师在带班过程中是怎样和幼儿交流的。在观察时,我拿着纸笔边看边进行记录,希望通过点滴的观察、记录,不断积累,找到解决问题的方法。

2. 对比口令,分析原因

我将自己的要求指令与带教老师发出的进行对比,发现我对孩子说话比较模糊、不明确。例如,我一下子要求幼儿完成三件事,但是却没有让幼儿有整体的了解,导致幼儿听到第一件事情后,就迫不及待地去完成。我应该思考,如何改变发出口令的方式。

3. 以游戏的形式改进实践

今天游戏交流结束后,我说:"宝宝们,竖起小耳朵仔细听哦!

现在,祁老师想请宝宝们做两件事。第一件事,请宝宝们放好小椅子把自己刚刚玩的玩具整理好。第二件事,请宝宝们两只小手轻轻地搬小椅子,找到自己黄线上的小动物,坐坐好等老师请宝宝分批去洗小手!"幼儿听完我的话,才轻轻、慢慢地搬起小椅子开始行动,还有宝宝把小手指放在嘴边,做了"嘘"的动作,提醒同伴:"老师说要轻轻地放,像小猫咪那样的。"

案例分享 午睡时如何正确对待幼儿的如厕要求?

我的疑问:

午睡的时候皓皓突然大声说:"老师,我要小便。"话音刚落,其他小朋友纷纷跟着说:"我也要小便,老师我要小便。"我说:"皓皓,你忍得住吗?"皓皓说:"忍不住了。"我让皓皓去小便。这时其他小朋友情绪更加激动了,都抬起头说要小便。

孩子们喜欢模仿同伴的一些行为,可是这里面确实也有些孩子是真的想要如厕。但是天气那么冷,厕所和卧室的温差又很大,孩子着凉怎么办?

专业判断:

解决午睡如厕的问题需要一个长期的过程,只有教师真正设身处地地为幼儿着想,才能让幼儿养成一个良好的午睡习惯。而教师要做的就是在观察幼儿特点的基础上,不断探索一些措施和技巧,提高午睡的质量,同时和家长交流,共同配合让幼儿健康快乐地成长。

午睡时面对幼儿此起彼伏的如厕要求,新教师如果缺乏判断经验,的确会有个别难入睡的幼儿因为好玩而起床"散步",但若一律禁止也会影响真正有需求的幼儿。

这对新教师来说是判断力的考验,教师可以通过对幼儿个体特质的了解进行有效判断,既要尊重幼儿的生理需求,也要杜绝个别幼儿扰乱午睡氛围,影响正常的午睡休息。案例中新教师可以通过向家长了解在家情况、观察幼儿的睡前准备等方式获取幼儿的信息,让自己的指导判断有依据、不盲目。

问题解决:

无论午睡让不让幼儿起来如厕,都要从幼儿的健康着想。天气冷了,幼儿从被窝钻出来去厕所,温差非常大,很容易感冒。教师要根据实际情况作出判断,如果当天午餐喝汤比较多或吃面条,那么幼儿在午睡时如厕的可能性就会增加。

1. 心中有教育

其实中班幼儿正处于似懂非懂的阶段,有时也会盲目跟从其他幼儿,图个热闹。教师要在生活教育中提醒幼儿,睡前如厕是为了避免睡觉时进出着凉。并在幼儿要求如厕的时候,再次提醒减少因为好玩而跟从他人如厕的现象。

虽然在午睡前教师会组织幼儿如厕,但有些孩子没有便意,如果教师忽视了对幼儿如厕情况的观察,就不能做到心中有数,无法正确判断午睡时幼儿是否真的需要如厕。

2. 随时有方法

我和一些平时经常在午睡时提出如厕要求的幼儿的家长进行沟通。家长们非常理解,有的家长表示孩子确实晚上在家也要如厕2次,午睡时希望老师就让孩子去如厕。调查后发现,这样的情况是个别的。这件事也说明教师早作了解就能心中有数,对幼儿提出要求时能作出准确的判断。针对气温较低,教师可以及时做好保暖工作,给他们穿上外套再去厕所,避免幼儿着凉挨冻。

案例分享 如何帮助中班幼儿养成良好的如厕礼仪?

我的疑问:

一到上厕所的时候经常会听到这样的声音,"老师,梦梦抢我的地方"、"老师,婷婷推我"、"老师,雯雯不排队……"此起彼伏的告状声连连不断,即使我站在一边,孩子们依然争抢着自己的"方便之地"。

我班的厕所的确比较狭小,该怎么做才能消除孩子们争先恐后的混乱场面,让他们成为上厕所时的绅士和淑女呢?

专业判断:

在园幼儿的习惯培养是需要教师用心去观察和分析的。当厕所的空间较小而幼儿的人数又较多时,教师就应该学会合理安排,因地制宜地创设教育环境。幼儿如厕混乱,教师要反思几点:

第一,面对环境的改变教师的思路要及时跟进。适合的环境能营造良好的规则形成氛围,教师要因材施教、因地制宜。

第二,有序的行为不是一朝一夕就能形成的,需要长期的引导和关注。幼儿的年龄特点决定了他们以自我为中心,不善于等待、谦让等,在培养幼儿如厕习惯的初期,教师需要多说、多引导、多鼓励,不断通过激励的方式来促进幼儿习惯的养成,而不能单单在一旁默默观察。

环境能改变一个人的爱好和习惯。所以让我们的厕所成为一个"会说话的环境"是尤为重要的。

问题解决：

1. 及时提醒，遵守规则

教师可以进行人数的调整，每次上厕所时男孩、女孩都只能各进 6 人，这样可以 3 个孩子如厕，3 个孩子等待，不会造成厕所内的拥挤。同时教师在一边观察指导，时不时地提醒幼儿不要拥挤、要耐心等待。

由于厕所内空间较小，为了让幼儿有序文明地如厕，我借鉴了如今国际通用的如厕惯例：在入口的地方等待，按先来后到依序排成一排，一旦有其中某一间空出来时，排在第一位的自然拥有优先使用权。

2. 因地制宜，创设情境

为了让排队的幼儿有事可做，我创设了三个小动物翻牌，一面是男孩女孩头像，另一面是代表不同厕所位置的小动物头像。轮到如厕的幼儿可以把牌子翻一翻，显示男女头像；上完厕所后再翻到相对应的动物头像一面。这样后面的幼儿就知道哪个动物厕所位置是空闲的。

以游戏方式创造的如厕排队环境，引发了孩子们的兴趣，他们更愿意遵守秩序，每次都会耐心排队并期待着去翻那块可爱的小牌子。

3. 定期调整，暗藏规则

环境创设完一段时间后，我又发现小男孩常会出现小便在外的情况。于是，我想到在小便池中间点缀水草，让这些孩子小便时能够瞄准目标。相对应地，我还在地上用一群小鱼游的方式做行走路线标记。整个厕所就像一个小池塘，小鱼和水草遥相呼应，既美观又有教育内涵。现在班里的孩子们如厕不再争抢，越来越像"绅士"和"淑女"了。

> **案例分享**　如何帮助幼儿顺利在园如厕？
>
> 我的疑问：
>
> 松松是班级里的乖孩子，可唯独对于"嗯嗯"这件事尤其困难，开学两周时间了，松松已经有三次把大便直接拉在身上了。我很担心松松的身体健康，要知道大便在身上却没有及时清理，是很难受的。
>
> 专业判断：
>
> 松松的性格开朗，平时自理能力也比较强，几次大便拉在身上一定存在心理和环境的各种原因。
>
> 作为教师，要及时观察幼儿在环境中的表现。中班幼儿较小班而言，其环境和成人的要求都有一定的变化，幼儿在心理上产生了压力，面对与成人的社会交往，幼儿的能力也有待提高。针对松松不愿意在园如厕的情况，应该先从与家长的沟通入手，了解其中存在的问题，教师再从细节入手改善环境，帮助幼儿度过不愿意如厕的这段时期。

问题解决:

1. 发现问题,家长沟通,寻找原因

放学时,我们将打包好的被子交给了松松妈妈,并与妈妈做了简短的交流,但松松的表现始终困扰着我。为了不让松松在心理上产生压力,我尽量避免在松松面前与妈妈讨论这个问题。晚上我拨通了妈妈的电话,请妈妈在家里与松松聊聊关于"嗯嗯"的事情,希望能找到解决问题的办法。原来,幼儿园里没有马桶,大便是要蹲着的,松松首先在心理上很紧张,因为松松也不知道在幼儿园厕所里大便的正确方法。

2. 家园合作,三位一体,细心观察

知道原因后,我便与保育员进行了沟通,午睡巡视时,多关注松松,如果松松想大便,必须有一名老师或保育员陪同松松,鼓励松松,在心理上给予松松更多的支持与鼓励。同时引导松松掌握正确的方法,帮助松松克服在幼儿园大便的困难。慢慢地,松松开始不再害怕在幼儿园大便了。

可是新的问题出现了,松松午睡的时候睡在上铺,每次午睡时都能爬起来去厕所,可是由于太急,还没走到厕所门口大便又拉在身上了。我开始思考新的对策,松松睡在上铺,爬床铺的时间对于松松来说也是很宝贵的。于是我帮松松换到了离卧室门口很近的下铺,之前的情况再也没有出现过了。

（七）如何有序组织离园活动？

离园是幼儿园一日生活的最后环节,其中隐含着幼儿生活技能的掌握、生活习惯的培养等内容。离园环节不仅仅有幼儿告别老师、同伴,应该有更加丰富的内涵、更加广泛的作用。离园环节作为画龙点睛的一笔,在一日活动中占据重要地位,它从一个侧面向家长反映了幼儿园的教育工作,是家园互动的一个窗口。那么,在离园环节中,教师应该做好哪些工作呢?

1. 离园前的准备

（1）有序如厕,检查仪表

① 在离园之前,教师可以组织幼儿有序如厕,防止幼儿回家时因尿急弄湿裤子。

② 如厕后,教师可以鼓励幼儿自己整理衣物并检查幼儿的仪表是否整洁。

A. 小班幼儿可以在教师的鼓励下尝试自己整理衣物,中班幼儿可以学会同伴相互帮助整理衣物,大班幼儿可以请值日生协助教师一起关注幼儿整理衣物的情况。

B. 冬季为幼儿整理衣物,教师首先将棉毛衫塞进棉毛裤中,其次将一件毛衣塞进绒线裤中,再次将其他毛衣拉平,最后为幼儿穿上厚外套并拉好拉链、扣好纽扣。春夏季为幼儿整理衣物,教师首先将棉毛衫塞进棉毛裤中,其次将毛衣塞进外裤中,最后为幼儿穿上外套并拉好拉链、扣好纽扣。夏天为幼儿整理衣物,教师将外裤拉好,并将上衣拉平。

(2) 回顾生活,分享快乐

教师与幼儿进行简短谈话,一起回顾一天的学习生活,分享当天活动中的快乐。对于有进步的幼儿,教师可以给予物质奖励,如五角星等,提升幼儿的积极性。

(3) 预告生活,布置任务

教师可以向幼儿预告第二天的学习生活(视情况布置学习小任务)。如有通知等,教师也可以向幼儿进行介绍。

(4) 安全教育,快乐回家

为了避免幼儿在离开教室后发生安全事故,教师在离园前需做相关安全教育的指导。如:需要提醒幼儿与家长一起手拉手;雨天时,需要提醒幼儿路滑慢慢走;不在幼儿园器械区停留玩耍等。

(5) 组织游戏,安静等待

离园前,幼儿处于兴奋状态,教师应选择适宜的安静小游戏,引导幼儿安静等待,使幼儿减少焦虑感,增加喜欢幼儿园的情感,促进社会意识的萌芽。

2. 离园时的组织

(1) 明确站位,分工合作

班级两位教师以及保育员需要明确各自的站位以及职责,分工合作,组织幼儿有序离园。

① 带班教师:需站在马蹄形位置的中间,引导幼儿有序就座,安静等待家长的到来。当家长到来时,引导幼儿听到自己的名字后离开座位。

② 配班教师：需站在教室门口,看到幼儿家长喊幼儿的名字,与个别家长进行简短的交流。

③ 保育员：需站在厕所与卧室门之间,提醒幼儿拿取药瓶、尿湿的裤子等。

(2) 家园配合,有序排队

教师需要理解家长接孩子放学的心态,但同时也需要在开学初就达成家园一致性,引导家长有序排队,一个一个接幼儿。（教师可以在教室门口粘贴黄线等,提示家长在教室门口止步并有序排队。）

(3) 听到名字,礼貌再见

教师需引导幼儿安静地坐在椅子上进行等待,当幼儿听到自己的名字后,幼儿方可离开座位。教师需引导幼儿与每位教师礼貌地说再见后,慢慢走出教室。

提示：如遇陌生人接幼儿,教师要提高警惕,并设法与家长确认无误后方可让对方接幼儿离开。

(4) 游戏互动,避免冷落

当有家长晚来接幼儿时,教师需让未离园幼儿坐在靠近门口的位置等待,同时与幼儿一起玩简单的游戏或进行简短的交流,避免教师做其他事情冷落幼儿的情况,与幼儿一起等待家长的到来。

3. 离园后的接待

(1) 交流沟通,家园联系

① 幼儿有尿湿、身体不适、摔伤等特殊情况,教师需等大部分幼儿离园后,与家长及时沟通。

② 教师可以关注小班幼儿的安全与生活,与家长简单沟通今天孩子学习、吃饭的情况,让家长体会老师对于孩子细致的照顾以及无私的爱;教师可以关注中班幼儿的自主与独立,说说孩子的进步点和需改进点,让家长体会老师对于孩子的仔细观察以及高度关注;教师可以关注大班幼儿的合作与自我服务,与家长交流幼儿在幼儿园中学习、社会交往以及注意力等方面的内容,给予家长一些幼小衔接的建议和指导,共同探讨关于幼儿习惯、能力的问题。

(2) 移交幼儿,整理教室

如遇晚接的幼儿,带班教师需将幼儿送到值班室,交给值班教师,并做好登记工作。待幼儿与家长全部离开教室后,教师可以根据班级第二天活动的需要,整理教室、摆放桌椅,做到整洁有序。

(3) 填写记录,准备活动

教师需根据幼儿实际情况填写相关的记录,如:全日观察异常记录、缺席儿童情况记录、肥胖儿童运动矫治记录以及紫外线消毒记录等,做到如实记录、及时填写。教师需根据日计划安排,准备好第二天活动时需要的相关材料。

(4) 安全检查,消毒教室

教师在离开教室前,需检查电源、水源、门窗是否关闭,并开紫外线灯消毒。

其实,离园活动的组织和实施是对幼儿一日活动的完美谢幕,这个谢幕是幼儿天天感受的、家长天天看到的、教师天天经历的。所以,合理运用各个年龄段幼儿的特点以及班级特色进行操作和实施,对于家园的良好互动以及和谐发展都会产生很大的影响。希望通过离园这个小小的窗口,让幼儿开心、家长放心,共同迎接新一天的学习生活!

四、保教实践・运动

（一）如何组织户外运动活动?

幼儿园体育运动是幼儿全面发展教育的一个重要组成部分。在《幼儿园教育指导纲要》中关于健康的内容和要求指出：开展丰富多彩的户外游戏和体育活动,培养幼儿参加体育活动的兴趣和习惯,增强体质,提高对环境的适应能力。培养幼儿对体育活动的兴趣是幼儿园体育的重要目标,要根据幼儿的特点组织生动活泼有趣、形式多样的体育活动,吸引幼儿主动参与。那么,在户外运动环节中,教师应该做好哪些工作呢?

1. 运动前

（1）老师对活动范围,场地及玩具设施都要事先检查,消除不安全的因素。

（2）要检查幼儿的仪表是否整齐（运动鞋、服装是否适合运动）,衣袋有无尖锐的东西。

（3）拿取擦汗运动毛巾,运动中使用。

（4）拿取运动器材,进行摆放。

2. 运动中

组织幼儿先进行热身运动。场地分布要合理,每个游戏之间的运动量要协调。运动内容要符合幼儿年龄特点,游戏要有情趣、有情境。运动中幼儿出汗要及时擦干,看情况及时增减衣服。活动中,教师要随时四处巡回走动,及时观察幼儿的活动情况,并进行适当的调节,避免一些意外的发生,及时纠正幼儿的一些危险动作。

运动特点:

(1)小班:小班体力较弱,身体的基本能力较差,动作不够平稳、灵活、协调,思维活动带有具体形象性,喜欢模仿,对运动游戏中的情节、角色、动作过程容易发生兴趣。运动游戏的规则也很简单,一般不带有限制性。幼儿对运动的结果不太注意,没有较强的胜负意识,所以运动结束时一般是皆大欢喜。

(2)中班:中班幼儿在体力、智力以及社会性方面都有了明显的发展。体力逐渐增强,动作比以前显得灵活、协调,空间知觉有了一定的发展,注意力也比较集中,具有一定的自我控制能力,初步学会了与同伴友好合作,集体观念有所增强。因此,中班的体育活动内容开始复杂。幼儿喜欢情节较复杂和活动量较大的追逐性活动。

(3)大班:大班幼儿的基本活动能力已发展较好,动作更灵活、协调,体力较充沛,理解能力有所发展,具有较强的自我控制能力,有一定的责任感和集体观念,相互合作的能力有所提高。因此,大班幼儿体育活动的动作难度较大,动作增多,内容更加丰富,游戏的活动量也增大。幼儿喜欢竞赛性的游戏以及需要体力与智慧相结合的活动。

运动中的保育

(1)在确定体育活动的量时,还要考虑到气候、季节等客观条件的影响。一般秋冬季气温比较低,活动量可适当增大。而夏季气温较高,活动量大会使幼儿产生疲劳,甚至会发生中暑,因此,可以适当减少幼儿的运动量。在春季,体育活动更应该注重幼儿的护理、保暖,运动量要适宜。

(2)在幼儿体育活动中我们还要注重保育工作的跟进。针对个别易出汗的幼儿,生活老师在幼儿的背上要垫一块毛巾吸汗,活动结束后拿掉,这样幼儿就不容易受凉。在活动中要做到一察、二摸、三询问,教师要观察孩子的脸色、出汗变化,如幼儿脸色红润、满头是汗、活动的幅度较大,说明幼儿的活动量大,这时要适时调整,并提醒幼儿注意休息,防止幼儿运动过度。反之,幼儿脸色无变化、动作幅度小,就必须提高其活动量,以达到运动的目的。对于不容易观察的幼儿,还需经常摸摸额头、脖子,出汗较多的幼儿,可用毛巾垫在其背部帮助吸汗,并提醒这些幼儿在活动中脱衣,防止幼儿活动后因汗闷在衣中而着凉。

(3)除了生活老师对特殊幼儿的特别护理外,在基本部分的设计安排中,教师还要根据幼儿生理机能的变化情况和外部反映情况,及时调整幼儿的运动负荷,随时注意活动强度密度的合理安排,如当大部分幼儿出现了潮红、出汗、喘粗气等现象,说明幼儿已经疲劳,运动量已经达到了,可以对活动及时调整,让幼儿做放松动作来缓解疲劳,在还没有处于疲倦状态的情况下结束活动。

3. 运动后

小班幼儿可以和教师一起整理些简单轻便的运动器材。中班幼儿可以在教师的组织下整理些简单轻便的运动器材。大班幼儿可自主整理运动器材。最后教师组织幼儿排队，并清点人数。

教师可以鼓励幼儿参与器械的摆放与整理，着重培养幼儿的创造性思维能力、动手能力和对材料工具性能的敏感性。此外，教师要注重培养幼儿的自主自律能力，随着幼儿年龄的增长，教师应给予幼儿更多自主选择的机会，从为幼儿安排转向指导幼儿为自己安排锻炼计划。

活动后的保育工作同样重要，我们要注意稳定幼儿的情绪，不能让幼儿在活动后马上坐下休息，可以在操场上漫步一会儿再回教室，等幼儿情绪平稳后才能入座，这样一来可减少活动后心脏的负担，有益恢复疲劳。同时还要控制适量饮水，在活动后注意引导幼儿正确使用毛巾，将额头、身上的汗擦干，对出汗较多的幼儿，要及时为其换下湿内衣。当幼儿情绪平稳不再出汗时，要提醒幼儿及时穿上衣服，以免着凉。

幼儿体育运动是一种有目的、有计划、有组织的教育活动，它是以身体动作为主要内容，以身体练习为主要手段的活动。所以教师在组织幼儿户外运动时，每个环节都要准备充分，确保幼儿能有目的、有计划地发展基本动作技能，提高身体素质，增强体质，促进幼儿身心全面、健康、和谐地发展。

案例分享　在运动中教师如何运用语言指导幼儿积累运动经验？

我的疑问：

玩球时晨晨把球想象成西瓜："我会抱着西瓜滚。"乐乐也喊道："我还会背着西瓜爬呢，看我的！"孩子们在垫子上用各种不同的方法运"西瓜"。

我发现了他们创意的玩法，开心地鼓励道："真不错，接着滚"，"加油，加油"。希望通过喊声引起其他幼儿的注意。我很带劲地鼓舞孩子，但却没有几个孩子跟着模仿运动。为什么我的"好意"得不到接受呢？

专业判断：

在运动活动中由于活动场地和活动特质的影响，孩子们的注意力总是不太集中，很容易受周围的干扰影响，给教师的指导带来一定难度。因此新教师在组织运动活动中，经常发现孩子玩孩子的，老师讲老师的。那么在活动中教师该怎么做呢？

首先，要了解幼儿的年龄特点。不同年龄段的幼儿其注意力的集中时间长短各不相同。

其次，根据场地的特点要学会选择适合讲评的地点。能在适宜的地方与幼儿交流互动才能事半功倍，减少对幼儿的干扰，让幼儿能静心聆听。

另外，讲重点才能讲到"点"。在室外较复杂的环境中要让幼儿从教师的话语中得益，那教师的话语必须精简干练、讲精华讲重点，才能让孩子尽快"吸收"。

因此，想要改善幼儿在运动中的倾听效率，新教师们必须注意分享交流的场地安排、交流时间和频次等，到了中大班更可以借助简单的交流媒介物或实践演示等方法进行运动经验推广。

问题解答：

1. 语言简练,突出重点

在参加幼儿园新教师运动培训中,我在观摩了骨干教师的现场展示、问题分析后逐渐明白:无论面对什么年龄段的幼儿,在运动中教师的指导语一定要简短、清楚、突出重点,不能过多、过散,这样幼儿才能得到最有效的指导和帮助。

2. 运用儿歌,总结方法

我针对问题,向园长邀约了听课活动。当幼儿在垫子上尝试不同的方法运西瓜时,园长指导我可以用儿歌帮助幼儿提升经验和共享经验:"推推推,推着西瓜往前进;爬爬爬、抱着西瓜往前爬;背西瓜、钻山洞,小小身体缩一下……"经过园长的现场演示,孩子既运用了自己的方法,还从教师总结的儿歌中借鉴了别人的方法再尝试。由此可见,运动儿歌式的指导语就能帮助幼儿共享经验。

3. 内化方法,实践改进

我在运动后的游戏中沿袭此方法,将运动指导语变成为:"运西瓜,运西瓜,左看看,右看看,一个一个往前传,大大西瓜运回家!"孩子们在我的指导下清楚有序地玩起了传西瓜游戏。

在之后运动交流中,我都会事先思考怎样使用有情趣的、简单易学的儿歌式指导语来吸引孩子,帮助他们记忆,让指导变得更有效。

案例分享 在运动中如何支持幼儿敢于挑战？

我的疑问：

今天在玩球区运动时，我提出让大家练习边走边拍球的技能。这是大家第一次尝试边走边拍球，所以一些幼儿遇到了困难。阳阳能够在原地连续拍球 20 个，他开始尝试边走边拍球。当他将球向前拍的时候，也许是因为手太过用力，球总是跳向远处，很难控制。经历了几次失败后，阳阳脸上有些不悦，他干脆将球坐在了屁股底下，开始东看看西瞧瞧，游离于运动之外。我该怎么做，才能让他敢于面对困难和挑战？

专业判断：

幼儿在面对运动中的困难时表现各不相同，这反映了幼儿不同的心理品质和个性特征。相对过高的挑战将让幼儿失去信心，过低则会让幼儿失去挑战的兴趣，适度的挑战才能激发幼儿参与运动的积极性。

在运动时，教师可以通过观察幼儿的运动频次、运动参与度表现，了解本次运动的挑战性设计是否合理适宜。通过差异性材料投放、运动环节设计、运动量控制等来综合设计运动的挑战性。新教师要做到这些的关键是了解班级幼儿的运动经验，并关注幼儿间的差异需求。教师们也可巧妙利用运动契机，培养幼儿良好的心理品质。

问题解决：

1. 创设情境，引发运动兴趣

在观摩园内经验型教师的运动活动后，我了解到当教师创设一个有趣的运动情境时幼儿会有更浓厚的兴趣投入运动。如,同样的钻爬活动,如果引用小蚂蚁的角色,给孩子们运粮的小任务,积极性就会增加。

而我的运动设计过于注重基本动作的发展,但在实行的过程中幼儿并不感兴趣。我可以给幼儿一个情境,如我们是小海狮,海狮会怎么玩球?它会用头顶球、会运球。在当孩子有了角色任务意识后他们的运动兴趣自然会有所提高。

2. 尊重差异,创设不同层次

在观摩成熟教师的运动中,我看到同样是爬的环境,老师却用不同难度的辅助材料,支持幼儿的个体差异需求。为此,我在孩子们练习拍球技能时开辟了三条路线:"平坦大道"、"避开陷阱"和"穿越树林",不断增加难度,寻找适合每个孩子的最近发展区,孩子便能根据自己的需要进行挑战。在之后的运动活动中,我让孩子们自主摆放运动器械,孩子们在运动中除了能够根据自己的经验水平设置环境外,他们在活动中也学会了观察环境的变化,判断调整自己的身体运动方式。因为每个幼儿的摆放方式和间隔距离不同,这些新的挑战让他们乐此不疲地参与到运动中来。

3. 要点示范,推广有效经验

在运动活动中,想要促进幼儿重点动作的发展,教师可以进行经验推广,通过短暂的分享交流或示范模仿,帮助那些有困难的幼儿掌握动作要领,得到锻炼。可以让幼儿讲述自己的成功经历,共同分析失败的原因或遇到的困难,增强他们克服困难的信心。教师需要具有敏锐的观察力,在运动时捕捉幼儿的成功经验,并及时对有困难的幼儿给予适度指导,帮助建立不断挑战的信心。

在运动时,教师也可经常组织一些需要幼儿结伴完成的活动,鼓励幼儿挑战自身的运动能力,同时促进幼儿社会性的发展。

案例分享　如何帮助大班幼儿在运动中养成自主擦汗的习惯?

我的疑问:

运动时,琳琳拿了块毛巾跑到我这里说道:"顾老师,麻烦你帮我背上擦擦汗吧!""好呀!"我很高兴地说道。喜于孩子已经知道自己力所不能及的时候,要向老师求助。但是接下来发生的事,又一次引起了我的思考,看到我在帮琳琳擦背上的汗,其他孩子也都拿着毛巾跟风似地围到我的身边,请求我的帮助。这下把我忙晕了,我的困惑也在脑中闪现:如何帮助大班幼儿在运动中养成自主擦汗的习惯?

专业判断:

我们经常会在运动时看到一些保育员、甚至老师"过分热心"地为幼儿服务,周到地给每个孩子脱衣服、擦汗。她们自身并未意识到这些保育行为已经阻碍了幼儿自主服务能力的发展。作为教师要分析幼儿的年龄特点,并指导保育员共同配合,共同支持和培养幼儿的自主服务行为。

《幼儿园工作规程》中指出,一日活动的组织应注重实践性。

教师应最大限度地为幼儿提供动手操作的机会,鼓励幼儿参与力所能及的各种生活活动。如运动时同伴互相帮助擦汗、塞毛巾,午睡时让幼儿自己铺床、叠被等。案例中的事件虽然发生在运动环节,但类似的自主行为可以在幼儿园一日生活的很多环节中类推。我们所要做的是在生活中寻找机会、创造机会,在幼儿自主服务能力进步时给予积极的肯定。

问题解决:

1. 在游戏中体验为他人服务的快乐

我在第二天的运动结束前,请孩子们玩了"圆圈游戏",让他们开展互相擦汗的体验。具体的方法是:请孩子们围成一个圆圈,然后顺时针转向,每人拿好一块擦汗的小毛巾,帮助前面的小朋友擦背。互相擦汗在孩子们眼中变成了一种游戏,并在活动中逐步建立了互助的意识。

只用小游戏的方式还是不够的,我结合幼小衔接的课程内容,设计了一节集体活动"你帮我,我帮你"。活动的目标是让幼儿了解和体验一些可以互相帮助的行为,学会主动帮助自己可以帮助的、有困难的人,乐意与同伴互相帮助,友好相处。在说说、做做的过程中,孩子们对互相帮助的体会更深刻了,也有了初步的团队意识。

2. 在日常设立值日制度提供互助机会

在今后的日子里,我班幼儿在运动中都能主动请同伴帮助擦汗。经常乐于帮助同伴的孩子,会得到大家的感谢和老师的表扬。

有的孩子还提出,每天设立一个生活值日生,在运动时帮助大家擦背后的汗。

从孩子们最初的求助,到自主提出设立"生活值日生",反映出班级幼儿互助意识的建立及自主服务能力的提升,幼儿乐于帮助别人的情感逐步得到巩固。

(二)如何组织室内运动活动?

幼儿园室内体育活动是指室内开展的体育活动,它是根据一定的教育目标在室内创设一定的教育条件,选择合适的运动器械,使幼儿通过表现性、创造性的身体运动,达到锻炼的目的,借以弥补因户外天气不好或场地条件的局限造成的不利,达到锻炼的目的,以此促进体能、智力、情绪、个性、认知等方面健康、和谐的发展。那么,室内运动它有什么特点呢?教师应该做好哪些工作呢?

1. 室内运动特点

(1)由于运动量的大小直接影响到幼儿身体发展和活动效果,因此教师在组织室内体育活动中,要多考虑幼儿年龄特点、个体差异、器械功能和教师指导等方面因素,及时调控运动的量与密度,提供适宜的活动量,达到科学锻炼的目的。

(2)器械是幼儿开展体育活动的重要条件,而室内体育活动的开展主要是借助器材丰富内容、完成目标。游戏化、趣味化的器械就更能满足、贴近幼儿的需求,刺激幼儿学习和活动的积极性。另外我们还可以尝试将感觉统合训练器械纳入室内体育活动中,有效地挖掘器械的锻炼和教育价值,较好地弥补了室内运动器材的不足,为室内体育活动提供了新途径。

(3)对于没有大活动室的园所来讲,班级的有限空间也是开展室内体育活动的良好场所,活动器械可以班级桌、椅、积木代替,因地制宜、就地取材,使活动室的中间、四周、空间以及每一样物品都为室内体育活动所用。

2. 室内运动中的环节

(1) 运动前

① 将活动室开窗通风,保持空气流通,这样才有利于幼儿身体的健康,避免室内体育活动带来的负面影响。

② 检查幼儿的仪表是否整齐(运动鞋、服装是否适用运动),衣袋有无尖利的东西。

③ 取擦汗运动毛巾,运动中使用。

④ 拿取运动器材,进行摆放。

幼儿活动的器材与器材之间的摆放不能过于拥挤,要留有空间、错落有致,才能给人较舒服的视觉效果。更重要的是便于幼儿操作时互不干扰,能够充分施展手脚,充分活动,达到体育锻炼的活动指标。由于受场地的限制,在布局设计活动场地时,把固定的器材尽可能布置在四周角落(包括一些中小型、可移动的器材),中间要留有较大的空间,确保幼儿个体自由游戏及集体开展活动的可利用空间。

⑤ 选用体积小、功能多样化的器械。室内运动更多选择小球、

沙包、短棍、塑料圈等体育器材及玩具，那些体积相对较大、功能单一的玩具就不适合在室内使用。

（2）运动中

① 集体进行热身运动。

② 教师在组织实施时要注意练习时间与练习次数的合理安排，一次练习时间不宜过长，而练习次数可以根据需要作相应的调整。教师既要用灵活多变的手段激励幼儿保持活动兴趣，又要掌握幼儿身体运动的规律和个别差异性，及时调整活动策略。

③ 室内活动量相比室外活动量要小，在活动中教师要运用各种手段让幼儿积极参与运动。教师要在内容与器械的可操作性、趣味性上下功夫。

④ 由于室内体育活动空间的限制，幼儿的运动强度不宜过大，又因为幼儿期正处在身体迅速发展时期，只适宜适当活动，不适合高强度运动，若运动负荷过大，反而会影响幼儿的生长发育。

⑤ 在幼儿运动时，教师要及时提醒幼儿注意擦汗和休息，并在运动过程中适时指导幼儿进行活动，以保证幼儿的运动量。

⑥ 室内运动中教师同样应做好幼儿学习的引导者、支持者、合作者。活动离不开教师的指导，教师应根据幼儿不同的需要适时、准确、有效地进行指导。

⑦ 教师在组织幼儿活动前，必须加强幼儿的空间站位训练。每一个环节中，教师都必须考虑如何才能面向全体，减少幼儿因站位不好而造成的时间浪费，提高活动组织的有效性。

⑧ 在室内开展运动时,可利用室内的桌椅家具等开展,同时也可以利用质地柔软的布、带等物品进行,不过需要强调的是必须注意幼儿之间的相互冲撞,合理安排活动量及活动密度。

其实,除了开展以动作发展为主的体育活动之外,还可以开展观赏性活动:可在室内组织幼儿通过观看体育比赛的录像,激发幼儿对体育活动的兴趣和热爱。由于室内空间条件的局限,幼儿在室内开展活动时,逐步学会了轮流与等待。教师在指导幼儿在室内进行体育活动时要对每个环节进行周密的安排,让幼儿的身体得到锻炼的同时促进幼儿社会性的发展。

案例分享 如何引导幼儿一物多玩?

我的疑问:

幼儿园中用来做运动材料的都是一些常见的材料,如何用有限的辅助材料,更好地发展幼儿更多的运动技能呢?我认为可以引导幼儿一物多玩。而且根据《3—6岁儿童学习与发展指南》内容,幼儿可以尝试材料的新玩法以获得运动的经验。那该如何引导幼儿一物多玩呢?

专业判断:

幼儿运动活动中有许多辅助材料,每一种材料都有其自身的功能与特点,特别是一些常用材料:绳、球、圈、沙包等,教师在熟悉了各种材料的功能,掌握了相应的技能后,可以开发挖掘其新的玩法,引导幼儿创造性地一物多玩。

问题解决:

我发现可以为幼儿提供许多圈,让幼儿大胆想一想、试一试,通过互相商量、讨论,合作玩出一系列新颖的玩法。幼儿将圈套在前面一位幼儿身上,接连套成了一列火车;可以把圈当作方向盘,开起小汽车来;可以把圈反套在身上作小乌龟壳,学小乌龟慢吞吞地走或爬;可以把圈放在地上跳圈,进行跳的练习;也可以把圈旋转当陀螺玩。关于绳子的玩法,除了可以双脚跳、单脚跳、两人合作、跳长绳,幼儿也可以拔河、踩小蛇。关于球的玩法,幼儿可以拍球练习、左右手交换拍球;可以进行投篮练习,锻炼幼儿投球技能;可以推滚球;可以两人合作传球;也可以作为"西瓜"、"宝物"的象征,进行运送比赛,培养幼儿的合作意识和竞争意识。

(三) 运动中的安全要注意些什么?

1. 活动前的准备工作

(1) 检查器械的安全

检查运动场地安全:不能有尖硬不安全的物体,如果场地不平整或过于狭窄都会给孩子的活动带来不便和危险。教师可以为幼儿跑跳提供软质的场地。

检查运动材料和器械:活动前,要检查所有活动材料与器械,看是否有尖锐的棱角或螺丝松动等现象,以确保都达到幼儿使用的安全性。

合理布置活动场地:在活动之前要合理安排好运动的方向、距离及组织好孩子的活动秩序,在场地上设置相应的路线图标,避免幼儿在锻炼过程中发生不必要的碰撞。

（2）调整幼儿衣着

在组织户外体育运动前，教师首先检查幼儿的衣着是否便于运动，检查裤腿有没有拖地，幼儿的运动服装要求宽松利索，对于过厚过大的衣服，要先脱下再活动。其次检查幼儿的鞋子是否适宜活动，检查幼儿的鞋带是否系牢，以防鞋带松掉绊倒引起损伤。最后还要注意避免幼儿口袋中的硬物和衣服上的饰物在运动中给幼儿带来伤害。这些在活动前都要清理检查，让幼儿能安全地参加活动。

（3）了解幼儿的身心状况

在进行运动之前必须了解幼儿的身体状况。容易出汗的幼儿我们要为其垫上吸汗巾，备好运动毛巾，便于在运动中擦汗，而体质差的幼儿或刚恢复健康的幼儿在运动中可适当减少运动的时间和强度。

主动了解幼儿情绪，对于一些情绪低落的幼儿能积极关心，调动其情绪，使之主动积极地参加活动。

（4）做好活动前的准备运动，以防突然剧烈运动造成的拉伤、扭伤。

2. 运动中的安全

（1）运动中教师的站位

运动开始前，教师应能进行有效的观察。首先，教师观察时的站位应合适，确保能关注到每一位幼儿。当幼儿进行移动练习时，教师的站位应能随之移动，以便能顾及幼儿活动中的表现。其次,教师的站位要考虑幼儿的能力和器材的摆放。再次,教师要考虑到视野的宽度,站位必须能观察到所有幼儿的运动状况,以免出现观察点的缺失。最后,三位教师要互补,能及时地补位。

(2) 运动中教师的观察

观察幼儿使用器械、拿放器械的情况,在观察中予以正确指导。观察幼儿运动的个别差异,对于一些运动能力较弱的孩子教师要特别予以关注。

(3) 运动中教师对幼儿的安全指导

① 指导幼儿保护自己。教师在制订活动目标时,要让幼儿了解必要的安全知识,提高相应技能和自我保护的能力。指导幼儿正确的运动技能,如跑步、投掷、跳跃、跨障碍物等;指导幼儿正确使用运动器械,如怎样取放运动器械,怎么使用,以及使用不当的后果。当活动中出现不安全因素时,教师应及时提醒、保护,使幼儿逐步形成安全活动的意识。

② 指导幼儿有规则地运动。首先讲明游戏与活动的规则,充分保证幼儿在有序的环境下充分活动。教师可以根据游戏情节将规则趣味化。如游戏“开飞机”时,用“飞机和飞机相撞会爆炸”加以约束,孩子们就懂得了不能只顾自己玩得开心,应防止相撞。游戏“我是小小驾驶员”,以比比“谁是最能干的驾驶员”来提醒幼儿汽车不能相撞,出事故的驾驶员要被淘汰。孩子们都非常乐意接受这些有趣易行的规则。有了这些能被孩子们接受的规则,游戏才能够安全顺利地进行。

（4）运动中教师对保育老师的指导

在运动前,教师应明确告知保育老师运动的目标、材料与器械、玩法等。在运动中要指导保育老师及时补位,确保幼儿在运动中的安全。

运动中,教师指导保育老师对特殊幼儿包括肥胖儿、体弱儿等多加关注,以满足他们的特殊需要。耐心地指导幼儿正确使用毛巾,能立即将额头、身上的汗擦干。对于出汗较多的幼儿,给予他们调换毛巾或适当延长毛巾垫在背部的时间。

3. 运动后的保育工作

（1）注意幼儿情绪的稳定

在运动后教师要注意稳定幼儿的情绪,使其由兴奋状态转化为平和状态,并注意运动后动静交替的互相衔接,不能让幼儿在运动后马上坐下来休息,可以在操场上漫步一会儿或一同整理运动器具,等幼儿情绪平稳后才能回到教室坐下,这样可以减少活动后心脏的负担,有益恢复疲劳。

（2）运动后的饮水

运动后教师要多鼓励幼儿喝水,以补充在体育活动中失去的水分,但不能一次性喝太多,因为一次喝下大量的水,不但会增加心脏的负荷还会引起胃痉挛,所以保育老师和教师要注意活动后幼儿饮水的问题,控制幼儿的饮水量。

（3）运动后的着装

当幼儿情绪平稳不再出汗时,要提醒幼儿及时穿上衣服以免着凉。

案例分享 运动中如何关注每一位幼儿的安全?

我的疑问:

后操场的索桥绳网是孩子们最喜欢的场地,因为它充满着挑战。我站在最高的木梯旁边指导孩子们运动。这时,帆帆爬上了木梯。我观察到他有些紧张,越往高的地方爬,脚就越抖。我担心地提醒帆帆两手抓紧,一定踩稳了再慢慢上。

这时清清从我的身边走过,她是个动作发展较慢的孩子,对玩木梯没有信心。于是她开始尝试后面的轮胎小山坡,这项挑战难度比木梯要低一些。我以为她会安全地通过,可没想到在下山坡的时候她没有踩稳,摔倒在地。我开始疑惑,在运动中如何能兼顾幼儿的安全与个别指导?

专业判断:

运动中可能出现各种安全隐患,有的幼儿在玩滑梯时会突然停下或未待前一幼儿离开便滑下去造成挤压;有的幼儿会急切地催促他人甚至是用手推拉造成危险;也有幼儿由于动作不协调而造成摔倒。这些安全问题的产生可能是幼儿对危险状况缺乏预知、个人身体动作发展限制及活动环境存在问题等多种原因造成的。

一个有经验的教师会通过观察幼儿的情绪状态、运动能力、运动中的安全意识、幼儿的心理品质等方面来了解班级不同幼儿的运动素质情况,给予不同层次的幼儿相适应的指导,既保证运动安全,又让幼儿的运动能力有所发展。

为了提高幼儿运动的安全系数,需要教师在前期、中期、后期开展多项工作来提高运动的安全,如确保运动环境的安全,对幼儿运动内容的合理设计、个体运动经验的分析和预防等。

问题解决:

1. 安全站位,提供专业的保护

幼儿在园运动中的安全问题,应该是我们新教师在运动前思考的首要问题之一。如果我们的保护更专业,那么幼儿在运动中将更加安全。首先,要明确了解每个运动区域中的挑战点,教师就能有针对性地明确自己今天的重点站位,及时进行运动保护。

比如,在幼儿攀爬的时候,教师要站在攀爬器械的一侧,双手伸出,随时准备搀扶幼儿。在幼儿玩垂直移动的运动器械时,教师要站在器械的一侧,随时准备扶住幼儿的腰腹部,使其重心不要过于晃动。

教师尤其要让自己具有广泛的视角,切勿因为指导个别幼儿而让自己背朝大多数的幼儿,造成安全防护视角盲点。

2. 安全教育,增强自我的保护

在运动中,教师不仅要提高自身安全意识,同时更要指导幼儿关注自我安全保护,适时地开展安全教育。因为,光靠外界力量的保护永远是不够的,只有幼儿自身具有较好的安全防范意识,才能真正提高安全系数。

平日,教师可在运动前做安全提示,在运动中及时纠正危险行为,在运动后强调巩固一些规则或表扬具有安全意识的幼儿,逐步帮助幼儿养成安全防范意识。

教师还可以根据幼儿年龄特点学会几种基本的自我保护动作。如：高处落地——前脚掌先落地、屈膝下蹲；身体向侧失去重心——立即以一侧手、肘、肩顺序依次着地、低头顺势侧滚；别人撞来——侧身、双手放胸前、掌心向外用力外顶。这些都需要教师在日常运动中通过示范来帮助幼儿反复练习、指导熟练掌握，让他们在遇到危险动作时，能瞬间产生自我保护动作的本能反应。

3. 有效设计，提高环境器械安全

在每天运动前，教师及保健教师首先要对当天运动的场地及大型运动器械进行巡查，排除场地及器具的安全隐患，确保场地的安全。在遇到器械损坏时及时悬挂禁止使用提示，并用围栏隔离，防止幼儿进入。

与此同时，教师设计当天运动的内容也需符合幼儿的年龄特点。尤其是过平衡木、走竹梯之类具有挑战性的活动内容，更需合理设计，并在幼儿可能滑落之处铺设垫子，以防万一。

4. 安全指导，重视个别差异

同龄幼儿间也存在一定的差异性，有的运动技能较弱，有的自我保护意识弱，这类幼儿都需要教师在运动中加强保护和指导。对于年龄较小，能力、动作发展慢的幼儿，教师要在活动中加强个别指导，适当地降低要求，并经常鼓励他们。每当这些幼儿学会一个动作，或在原有基础上取得进步时教师就要适时表扬，鼓励他们继续努力，小步递进，不断发展他们的动作技能。

遇到随班就读的较特殊的幼儿,可以根据幼儿园具体情况,指定一名教师或保育员就近重点关注,在必要时给予保护。

五、保教实践 • 游戏

(一)怎样投放游戏材料?

游戏是幼儿最喜欢的活动,任何幼儿都离不开游戏,游戏材料的选择与投放尤为重要。要使游戏能深入、高质量地开展起来,使幼儿的创造能力、思维能力、语言表达能力、合作能力等在游戏中得到全面的锻炼和提高,必须为幼儿提供适宜他们自主活动和自我表现的游戏材料。

1. 发现材料蕴含的多种价值

低结构材料指的是结构松散、可变性强、玩法多样的游戏材料。幼儿可以根据自己的兴趣和想法将低结构材料随意组合、一物多用,从而推动幼儿的游戏。教师需要充分考虑材料的适宜性、安全性、可变性,为幼儿游戏提供丰富多样的资源。教师还应该及时捕捉信息,支持幼儿准备他们感兴趣的游戏材料,让幼儿参与材料的提供。

2. 提供适宜的游戏材料

教师应注意在游戏中观察幼儿游戏的情况,按需要随时增减材料,引导游戏情节的进一步发展。为了让幼儿及时地找到所需要的材料,教师和幼儿可共同协商,在教室的一角设立"创意吧",一起收集大量的废旧玩具材料投入百宝箱,为幼儿游戏增加辅助材料。如易拉罐、旧电池、饮料瓶、纸盒、挂历纸、白纸、蜡笔、扭扭棒、皱纸、积木等等低结构玩具,这些都可以成为百宝箱内的多功能材料,方便幼儿根据游戏需要进行选择。教师在有意识地提供一些材料的同时,引导幼儿去创造一些新的事物,或者使角色游戏内容变得多样化,激发幼儿喜欢游戏的过程,从而提高创造性的思维能力。因此在创设游戏环境中,教师一定要注意它的可参与性。半成品和废旧材料更有利于幼儿在游戏中以物代物。如:"娃娃家爸爸"会在废旧纸棍子上画些按钮,发明出神奇的拖把;"蛋糕师傅"会在蛋糕上面插个吸管,发明出可以吸的蛋糕;"照相馆工作人员"会用盒子加盘子组合成电风扇;等等。以物代物既丰富了幼儿游戏材料,又发展了幼儿的想象力,更能调动幼儿游戏的兴趣和积极性。"创意吧"的增添为幼儿角色游戏开展发挥了很大的作用。

3. 发现自然物的妙用

大自然中的树叶、树枝、石块等随手可得的材料令幼儿既熟悉又新奇,它们贴近幼儿的生活,易于唤起幼儿的生活经验。自然物有可塑性强的特点,游戏时幼儿重新加工组合,能够更大程度地激发幼儿参与游戏的兴趣。

4. 材料需要整齐有序地摆放

在角色游戏中,教师在材料投放过程中有随意性和盲目性的现象。有时材料数量投放过多,导致幼儿们花较多的时间在材料的选择上,有时材料单一同质化,不能满足幼儿多样化的游戏需求,影响了幼儿的游戏热情。当教师为幼儿提供材料时,要避免杂乱无章,还要帮助幼儿清晰地看到每个物品的位置,使幼儿方便找到他们想要的材料。这是教师对材料投放的重视,也是对幼儿的尊重。

角色游戏是幼儿最喜欢的活动,幼儿园要通过游戏的手段对幼儿进行全面发展的教育,因此,为幼儿创设一个良好的游戏环境,是十分重要和必要的。

案例分享 游戏中如何处理幼儿争夺材料的行为?

我的疑问:

4岁6个月的妍妍性格活泼、外向。由于她最近喜欢做娃娃家的"妈妈",一早来就用橱柜、桌椅和一些象征性材料造好了娃娃家,开始忙碌地照顾起宝宝。娃娃家的"爸爸"杰杰从百宝箱里拿来了印有草莓图案的粉色盘子、一个大夹子和几块牛排开始煎牛排,不一会杰杰把煎好的牛排盛在草莓盘子里端去桌上。这时他忽然发现了盘子上的草莓图案,于是自言自语道:"这是我摘的草莓,摘的草莓很新鲜,给宝宝吃。"接着杰杰把盘子里的牛排放进了桌上其他碗里。

"爸爸"杰杰的动作引起了在一旁扮演妈妈的妍妍的关注。妍妍也看中了杰杰手里的草莓盘子,立刻伸出手去拿。可是杰杰并不愿意给她,他们俩就这样一人握紧盘子一边谁也不愿松手。妍妍还因为生气,小嘴翘得高高的。他们身边的同伴劝说道:"你们别吵了,别吵了呀!"老师听见了上前询问:"怎么了?"杰杰第一个委屈地说:"这是我用的盘子,她抢我盘子。"老师问妍妍:"这个盘子是杰杰先拿到的,对吗?"见妍妍不愿意回答,老师又接着问:"你要这个盘子干什么呢?"她撅着嘴巴表示:"我喜欢粉色,我要用这个盘子烧饭给宝宝吃。"

专业判断:

1. 妍妍争夺盘子的原因是为了满足自己的游戏愿望。从她与教师的互动中可以了解妍妍争夺盘子的原因是为了满足自己的游戏愿望。她喜欢粉色事物,当发现粉色盘子时她想用来继续自己烧饭、喂饭的游戏情节。

2. 妍妍在同伴交往中不太善于用语言提出请求,需要学习交往中一些基本的规则。当妍妍想要杰杰手中的粉色盘子时是直接用手拿的,可以看出动作先于语言的年龄特点,她不太善于用语言进行请求。此外,自我中心倾向也比较明显,交往中"不经允许不拿别人的东西"的规则意识还需要加强。

3. 妍妍和杰杰的冲突关系属于角色关系的冲突。从她的语言"我喜欢粉色,我要用这个盘子烧饭给宝宝吃",与杰杰的自言自语"这是我摘的草莓,摘的草莓很新鲜,给宝宝吃"之中可以了解到妍妍是以娃娃家的妈妈角色与对方杰杰爸爸角色发生冲突。

问题解决:

1. 游戏中幼儿常常会发生争抢材料的情况,教师需要迅速辨别争夺原因。小班幼儿模仿性强,常常为了满足摆弄需求与"别人有我也要有"的想法争抢材料。中大班幼儿常常为了满足自己的游戏意愿会争抢材料。

2. 当幼儿为了达成自己的游戏意愿争抢材料,导致游戏情节停滞不前时,教师介入的师幼互动过程中要持续关注幼儿的不同反应,根据幼儿的不同反应采取不同的介入方法。

当幼儿愿意听从劝解时,教师可以以教师的身份直接介入,引导幼儿用恰当的语言提出请求。如,故事中纠纷的关键在于"妈妈"为了自己的游戏意愿抢夺盘子。聪明的教师在简明扼要的调解中不仅可以从"想要朋友的东西应该友好地提出请求"这角度进行引导,也可以从"以物代物"角度进行引导。

当幼儿不愿意听从劝解时,教师可以以角色的身份间接介入,引发新情节转移幼儿的注意力。如,故事中的妈妈与爸爸烧饭时都想用草莓盘子,谁也不让谁。教师可以以娃娃家客人的身份介入,对妈妈说:"我来做客了,你能不能给我倒杯水啊?"妈妈听到老师想喝她倒的水会非常高兴,草莓盘子自然留给爸爸了。教师以角色的身份进行引导,既可以达到解决冲突的目的,又可以推动游戏情节的发展。

3. 当幼儿出现争夺行为时,教师应当从游戏材料的品种、数量,空间规划等角度思考与幼儿实际需求的匹配程度如何,并适当增加材料的数量或品种。

案例分享 如何指导幼儿安全使用材料?

我的疑问:

伟伟是个低年龄段的孩子(3岁3个月),在同龄的同伴中他的月份最小,相对来说他的认知能力比同龄孩子弱,平时很喜欢玩娃娃家的游戏。他每天来幼儿园最喜欢做的就是娃娃家的爸爸,每天做的事情也很简单,喜欢坐在沙发上休息。有一天伟伟又当起了爸爸,坐在沙发上开始休息,一会,伟伟突然站了起来,嘴里还碎碎念叨:"爸爸肚子饿了,要去吃东西了。"说完他从小框里拿出了一个橘子往嘴巴里送,还舔了一口说:"真好吃"。我发现后,马上对伟伟说:"这是玩具,不能吃的。"旁边的乐乐听到了也附和道:"这是娃娃家的玩具,不能放嘴巴里吃的。"

专业判断:

小班幼儿由于年龄小,他们对物体的感知是具象的、直接的,也就是直接看到物体就会表现出相关联的动作。就像本次活动中,小年龄的幼儿很容易把"假"的玩具当成"真"的水果,这些幼儿会觉得这个食物是可以放在嘴巴里吃的。他们会有这个动作也是来源于他们自己的生活经验。因而当教师发现此类情况,可以介入阻止,用最直接的方法让幼儿了解把玩具放进嘴巴里是不卫生的行为。

问题解决:

教师在投放游戏材料的过程中,保证材料的安全很重要。投放给幼儿游戏的材料,除了要依据幼儿的年龄特点之外,还要考虑到材料的质地、品种、数量以及摆放的位置等。那么如何根据幼儿年龄特点投放材料呢?

1. 象征性材料:安全(无棱角、无尖锐部分)、卫生(定期消毒、容易清洁)且贴近幼儿生活经验,是他们熟悉的物品。

2. 低结构材料:环保、可变的、可以连接的物品(要考虑材料的大小、材质、高度、长短以及投放的数量和种类)。

3. 材料的摆放要整齐、归类,让幼儿一目了然。摆放地点要方便幼儿拿取、安全有序。

① 游戏过程中：

有时会出现材料原本是安全的，可幼儿在拿取过程中出现不安全的情况，如随手拿剪刀到处走、笔盖没盖好就和同伴进行交流等。类似这种情况都需要教师进行指导。

② 游戏结束后：

幼儿在整理游戏材料的过程中是否安全有序（如人多拥挤、材料摆放拥挤等）。

（二）教师何时需介入角色游戏？

游戏是幼儿园教育的重要组成和基本形式，因此，教师的观察是适时介入游戏的前提。教师只有充分观察，才能对游戏进行情况作出正确的判断，有的放矢地进行引导；教师只有充分观察，才能知道材料是否恰当、幼儿已有经验的丰富程度；教师只有充分观察，才能在把握幼儿游戏兴趣与需要的基础上来帮助他们。

1. 细致观察，判断介入需求

实施教育，观察在先。细致的观察是教师判断是否需要介入游戏的基础和依据。教师首先必须了解掌握各年龄阶段幼儿在该年龄阶段所能表现出的游戏特征，才能了解幼儿是否能够通过自我调节来解决游戏中出现的问题，准确判断幼儿的游戏是否需要介入。盲目的介入会打断幼儿正在进行的游戏，会影响幼儿独立思考解决问题及伙伴间的相互作用，会让幼儿对教师产生依恋甚至于反感。所以,选择介入的时机是相当重要的。

(1) 幼儿不被同伴认可时

有的幼儿在游戏中不被同伴认可,教师要注意并适时介入,与幼儿共同商议解决,鼓励幼儿相互之间能清楚表达自己的想法。例如,雯雯不停地用橡皮泥做着蛋糕,但是没有顾客光顾。教师就带着其他幼儿以顾客身份介入,问:"咦,这些蛋糕颜色怎么不一样,口味相同吗?"雯雯想了想说:"不一样的。"老师又问:"你能介绍一下吗?"雯雯指着不同颜色的蛋糕说:"这是草莓味的,这是香蕉味的……"其他幼儿听了很高兴,说:"哇,有这么多口味啊,真不错!"他们的对话引来了很多"顾客","顾客"们都感到很新奇,争着来买不同口味的蛋糕。

当幼儿对某一游戏从"热"变为"冷"时,通过调整游戏的材料重新唤起幼儿原来的游戏兴趣,这对幼儿的发展是有意义的。比如,当幼儿对照相馆游戏兴趣慢慢趋于低落时,教师投放了服装、道具,可满足幼儿穿戴体验的愿望,接下来的几天,要拍照的"顾客"络绎不绝,对该游戏的兴趣一下子又提高了。

(2) 幼儿在游戏中出现不良因素的时候

幼儿游戏中的不良因素包括:出现危险、不安全因素;攻击性行为;游戏主题不够积极健康等。当出现这些情况的时候,就需要教师针对不同情况采取不同方式的介入。幼儿由于年龄较小,还缺乏处理问题的能力,所以在游戏过程中难免会出现争吵、肢体冲突等行为,需要老师的介入调节,使游戏顺利进行。

(3) 幼儿主动寻求教师帮助的时候

对于幼儿来说,老师是他们最信任、最信赖的人,所以在遇到困难、困惑时,就自然而然地会想到向老师求助。这时,为了促进幼儿的发展,推进游戏的进程,教师就要介入游戏。但是,在此过程中,教师并不是一个教导者而是一个促进者。当幼儿把"球"抛向教师时,教师要以适当的方式去接,并以适当的方式把"球"抛回幼儿,在抛接的过程中不露痕迹地促进幼儿的发展,起到介入的目的。显然这种介入是支持性的,而不是干预性的,千万不要生硬地去抢幼儿的"球"。

2. 根据游戏内容,选择介入方式

(1)语言提示

当幼儿在游戏中出现问题或是遇到问题无法顺利进行的时候,教师的一两句简单的建设性语言就能帮助幼儿理清思路,从而促进游戏的顺利开展。例如,在娃娃家游戏中,"爸爸"、"妈妈"只顾自己在地毯上玩。这时教师就以客人的身份介入,理由为探望"宝宝",目的是把"爸爸""妈妈"的注意力吸引到"宝宝"上面,进行语言提示,问:"宝宝肚子饿了,爸爸妈妈有没有准备什么好吃的给宝宝呀?"当即爸爸就表示马上去烧饭,妈妈开始哄"宝宝"。这时幼儿就进入了自己的角色,保证了游戏的正常进行。

(2)行为暗示

行为暗示即利用教师的动作、表情、眼神等身体语言及提供材料、布置场地、动作示范等方式来对幼儿游戏行为做出反馈,从而对幼儿游戏行为进行良好塑造。这种方式比较直接有效,能够产生较好的效果。例如,在小吃店游戏中,服务员与蛋糕师没有认真工作,把橡皮泥在桌子上放作一堆。老师就以合作者的身份介入,

作为他们的合作伙伴,一进"店"中,老师就开始"忙"了起来,整理起桌上的瓶瓶罐罐,并说了句:"干干净净的客人才感到舒服啊!"这时他俩才跟着整理起来。可见,在上述的游戏中,教师只是通过一个简单的行为示范就起到了一个暗示作用,使原本单调无序的主题进入了情节,使游戏得以深化和发展。

(3) 直接干预

游戏是幼儿对现实生活的反映,现实生活中有积极的现象,必然也有消极的。幼儿如果在游戏中玩消极内容,会强化其负面效应,教师必须介入予以指导。如在游戏当中,幼儿因争抢玩具而发生语言暴力、肢体冲突,或者是玩一些如"死""上吊""暴力"等内容的游戏时,教师应直接干预,加以引导,但这种方式易破坏游戏气氛,甚至使游戏中止,一般情况下不宜多用。

3. 观察幼儿反馈,及时退出游戏

当幼儿通过教师对游戏的介入使游戏主题得以深化,能够顺利进行的时候,教师就应当立即退出游戏了。过多的介入会适得其反,可能会阻碍幼儿自主性的发挥。教师只是起到一个点拨的作用,而不是帮助幼儿完成游戏。游戏的主体还是幼儿,教师的介入只是让幼儿可以更好更自主地延续活动。

幼儿游戏是幼儿自愿性的活动。游戏的开展也为幼儿提供了自主活动的机会,所以在幼儿自主的游戏世界里,教师应本着尊重幼儿意愿,支持幼儿游戏行为的观念,避免不必要的无效干预,不要让自己成为一个"不速之客"。

我的疑问:

越越(4岁5个月)是个可爱的女孩子,她平时很爱美,喜欢穿漂亮的裙子、戴漂亮的发夹。她参加过阿姨的婚礼后,就迷上了当新娘的游戏,每天都找材料打扮自己。她在百宝箱里找到了长长的围巾,把围巾戴在头上,用发饰固定住。长长的围巾变成了新娘头上的头纱,头纱落在地上可漂亮了! 警察奕扬急急地从她们当中走过,正好踩在头纱上,摔了一跤。奕扬爬起来后对越越大声说:"你这围巾太长了,害得我都摔跤了。"越越委屈地低下了头:"新娘子都是这样子的呀。"诗琪看见了,赶紧走了过来对越越说:"我来帮你拉起来。"

专业判断:

在室内角色游戏中,幼儿会因为游戏情节的需要出现一些安全隐患,比如快速奔跑、躲闪、站高、使用材料不当等不安全的行为。教师要尽可能避免危险的发生,时刻关注幼儿这些不安全的行为。发现危险时如何介入且不影响幼儿的游戏兴趣,这需要教师观察、判断,智慧地引导。

问题解决:

1. 游戏活动中,幼儿使用材料不当是引起不安全的因素之一。对于中班幼儿来说,对于角色游戏过程中存在的不安全的因素,他们没有预估的能力。因此,教师关注游戏中的安全很重要。

2. 发现游戏活动中有不安全的因素发生时,教师要引导幼儿共同关注,想办法解决。头纱拖在地上的原因是因为越越参加婚礼时见过新娘装扮的真实生活经历,游戏行为本身来源于她的生活经验,但是头纱拖在地上的这一情况确实容易引发不安全事件的发生,活动中也恰恰造成了其他幼儿摔跤。

3. 我观察到诗琪的行为,赞赏道:"新娘子头纱长是需要有人帮忙的,一般在婚礼上是谁帮忙的呢?"诗琪说:"我是新娘的好朋友。"我说:"那你好好关心她,让她美美的,还不能摔跤。"我通过鼓励诗琪的行为,没有打断幼儿们的游戏,反而促进了幼儿之间的交往、互助。

案例分享　面对中班孩子间的纠纷,教师该如何干预?

我的疑问:

青青:"娃娃的衣服不是这样穿的,你不会让我来吧。"

叶叶:"今天我做姐姐,不要你帮忙,你去做其他的事情吧。"

在娃娃家里传来孩子们的争吵声,叶叶用求助的眼光看着我,希望老师前去帮忙,制止干扰她的青青,我并没有走过去,只是伸出手指做了个安静的动作。

叶叶见我没过去,只好自己想办法说:"你要照顾娃娃的话,就去给娃娃冲牛奶,你把娃娃吵死了。"说着便紧紧地抱着娃娃。青青看了一会儿,无奈地嘟哝了一句:"那我去冲牛奶了……"

专业判断:

幼儿在一起共同生活、学习时发生冲突是在所难免的,新教师面对中班幼儿间的矛盾时应该从幼儿年龄出发,根据事件的特性,判断幼儿是否有能力互相协调。教师过早干预将影响幼儿独立解决问题的能力形成,然而在幼儿行为错误时听之任之,也会影响正确性格的形成。如果幼儿一发生争吵,我们就急于以权威的角色充当"消防员"，长此以往只能使幼儿养成告状、依赖成人的习惯，不利于社会性行为的发展。

教师在幼儿游戏中的指导艺术，在于保持和不破坏游戏中幼儿的自主性和创造性，尊重和发挥幼儿的主动性、积极性和创造性。教师尽量以参谋者和支持者的身份出现，巧妙地把一些支持性意图化作幼儿的想法，给予支持和帮助。

从案例中看到，新教师已经学会在处理问题时尊重孩子，但在危险发生时教师还应具备敏锐的防范准备，如小年龄幼儿争抢玩具、打闹行为等需教师及时果断进行干预。

问题解决：

1. 请教经验型教师

我观看了经验型教师带班的过程，发现他们在处理类似问题时不会直接干预，还是会先观察，再找到适当的机会介入调节。而作为新教师的我，就需要学习识别什么时候才是"适当的时机"。我采用的是回避的方式对待，没有直接干预，只是把问题留给幼儿自己解决。

在教研活动中我向组长提出了这个疑惑，同时也请同级组的老师一起探讨。大家还是比较认同先观察后干预的方法，但是有教师告诉我，教师观察时要根据幼儿双方处理的结果是否正确决定是否干预。

2. 寻求理论指导

我在网络上看到意大利教育家蒙台梭利将教育中的观察过程

概括为——"大胆地放手、小心地观察、耐心地等待、适时地引导"，这一观点给我启发很大。

其实从孩子请求教师帮忙而我马上就去干预时，孩子就缺失了据理力争、说服别人的交往机会。而中班正是孩子交往能力发展的关键时期，在这一过程中，我看似只是一个旁观者，但事实上是给孩子创设了一个无形的交往空间。

案例分享　如何关注"被告状幼儿"的情感？

我的疑问：

言言5岁6个月，性格内向。他很喜欢做修理工，每天在管道公司里等待着工作。当接到修理电话后，他总是非常投入地带上工具去各个店里修理。他今天接到了小吃店的报修电话："小吃店的管道没有水了，需要修理一下。"于是他搬来了长长短短的泡沫长条搭建水管，并且告诉小吃店："我先接水管，待会接到你们店里，只要我按一下管道就会通水了。"

几分钟后，管道已经从教室左边的修理公司一直延伸到教室中间。这时巡逻警察涵涵上前询问他："你管道为什么要弄那么长啊？"可是他没有回答。他转身对着其他修理工喊道："把那个东西拿过来一下。"在他的指挥下，另2个修理人员又开始帮他搬运更多的泡沫长条。

涵涵警察又来找他，并向他提出建议："这个管道太长了。"可是他还是没有理睬涵涵，只听见他对着另2名修理工说："推上来、推上来，往这边推一点。"不一会，管道又从教室中间延伸到右边的小吃店门口。

过了一会,涵涵警察再次跟他沟通:"我跟你说,你这个管道太长了。"这次他头也不抬地回答:"我先去工作了",说完朝着百宝箱走去,又去寻找新的修理工具了。这时管道已经横向把教室分成了两半。

这下涵涵生气了,跑来向我告状:"老师,他们的管道那么长,把地方都占了,我去和修理工说过了,他不理我。"我询问言言:"涵涵警察刚才给你提建议了,你听见了吗?""听见了。"他回答。我接着追问:"那为什么不回答呢?""我不想拆,拆掉水就没办法接到小吃店了。"在我的追问下他终于说出了他的想法。

专业判断:

角色游戏分享交流中教师常常会碰到幼儿告状的情况,这时是否会上演一场"批斗大会"?教师在组织讨论时会不会耐心倾听被告状幼儿的想法?有没有关注到被告状幼儿的情感呢?当同伴向言言提出建议时,他不善于调节自己的行为,而是选择逃避的办法应对。警察涵涵发现他搭建的管道太长影响别人走路后多次向他提出建议,可是前两次他都没有理睬涵涵,涵涵很伤心。询问后了解到他是因为不想拆掉辛苦搭建的管道,又不知该如何回答涵涵,因此选择用逃避的办法应对。

问题解决:

1. 教师需要结合具体情境指导幼儿倾听与表达,接受同伴的建议获得积极的情感体验。很显然,故事中的言言面对同伴提出建议时既不想接受又不知如何回应,因此选择逃避应对。《3—6岁儿童学习与发展指南》中提到中班幼儿在活动时要愿意接受同伴的意见和建议。有经验的教师在了解幼儿想法后,可以鼓励幼儿大胆说出自己的想法,并组织言言和涵涵警察讨论诸如"管道横着搭建会影响他人通行,可以怎么搭建既不占道又能连接到小吃店"。这样的讨论不仅传递给幼儿合理布局空间的能力,更能帮助幼儿感受接受他人建议对自己有帮助的积极情感体验。

2. 中班幼儿面对同伴提出建议表现出争吵、不予理睬时,教师可以在一日活动中进行角色扮演法引导幼儿接受同伴的建议。中班幼儿从平行游戏过渡到合作游戏,他们从关注材料转向关注同伴。因此游戏中常常会碰到这样的情况,幼儿会给同伴提出建议,也会得到同伴的建议。当面对同伴提出建议时,中班幼儿常表现为"协商"、"争吵"、"不予理睬"。当出现后两种表现时,教师的介入除了像故事中可以在警察求助后及时进行,还可以延伸至一日活动中,通过典型故事或者典型冲突事件让幼儿进行角色扮演的训练,感受提出建议幼儿的感受,学习愿意倾听别人的建议,逐渐学习在不能接受时用语言说明理由。如:

①"如果朋友向你提建议,可是你不想接受,你会怎么办?"

②"如果你提出建议,朋友总是不理不睬,你有什么感受?"

(三) 如何进行角色游戏后的分享交流?

角色游戏是幼儿非常喜爱的游戏,每当游戏结束时总会有幼儿感到意犹未尽、留有遗憾。于是,教师和幼儿围坐在一起分享交流游戏中的事就成为必需的环节。在分享交流环节,教师不仅要做一名忠实而快乐的听众,还要注意运用一些技巧,创设氛围,让幼儿愿意说游戏中的事。从多种角度进行讲评,让幼儿互相交流,体现游戏的教育功能,就会取得较为理想的效果。

1. 分享交流幼儿的生活经验

幼儿往往会把现实生活中的内容照搬进角色游戏中,这就需要教师通过评价,有意识地将游戏向健康的方向引导。还有的时候,孩子所反映的事物和现实生活不相符,加入了他们自己的想象。有一次,小医院里负责打吊针的孩子说:"我专门配大人药,他开小人药。"老师问他为什么这样分,他也讲不出个所以然。结束时,老师请大家说一说,配药有没有分大人和小人,你们去配过药吗?医生是不是这样分的?大家说不分的,大人和小孩配药都在一起的。只是药不同,儿童的药大多数是甜的,可以咽下去。这样交流,既培养了幼儿分析问题的能力,也丰富了必要的生活经验。

2. 分享交流幼儿的角色意识

在游戏中,幼儿只有按照角色的身份行事才会被同伴接受。一次,蛋糕师傅不在店里,而到娃娃家玩,在讲评游戏中,老师问大家,蛋糕师傅可以离开岗位吗?为什么?通过交流,蛋糕师傅知道了不能随便离开的道理。评价帮助幼儿确认了角色身份,提醒他们按角色的要求做,有助于游戏的顺利开展。

3. 分享交流幼儿使用材料的水平

幼儿只有学会创造性地使用游戏材料,游戏的内容才会丰富,在游戏中幼儿喜欢用形状和功能相似的物品替代不在眼前的物品。如,两根小棍子既可当筷子,又可当插在生日蛋糕上的蜡烛;

一块积木既可当罐装饮料、肥皂,也可当电话、对讲机等。教师讲评时,对这些以物代物的现象要加以肯定,促使幼儿的游戏插上想象的翅膀。

4. 分享幼儿交往能力和解决问题的能力

幼儿的主动性是角色游戏的灵魂,任何创造性游戏都是以交往为基础的,它给幼儿提供了锻炼社交技能的机会。幼儿在游戏中只有不断主动与同伴发生交往,才能保持游戏的兴趣。教师要善于运用随机评议的方法,特别要灵活地抓住游戏中有意义的小事,及时地加以肯定。有一次,小吃店服务员看到没人光顾,提出:"我们可以问问娃娃家的爸爸妈妈,他们需要什么。"这是幼儿成功交往的事例,在讲评中老师给予了赞赏和肯定。

5. 分享交流幼儿的品德和行为习惯

角色游戏为幼儿提供了实践社会道德行为的机会。幼儿在游戏中由于受角色的约束,对自己有一定的控制能力,但有时也会出现一些行为问题。如,角色分配不公,争夺游戏材料,不注意卫生习惯或忘记整理玩具等。以角色分配为例,老师可以介绍划拳、轮流、竞选等方法,并不一味强调谦让。在讲评时可以选择游戏中的一两个现象进行分析,大家说一说谁对、谁错,怎样做更好,让幼儿在合作中学会自主,在交往中学会互助,在矛盾中学会谦让。这样,可以帮助幼儿确立正确的是非观,提高幼儿的道德判断力。

6. 分享交流幼儿纵向发展状况

幼儿的先天素质不同,家庭环境不同,个性存在差异。而幼儿又往往是借助他人的评价来认识自己的。对幼儿做纵向的比较,有利于对能力强的幼儿提出更高的要求,帮助能力弱的幼儿树立自信心。例如,依依性格有些内向,刚开始介入游戏时表现比较被动,往往要等别人来邀请她。有一次,老师发现她在娃娃家里做妈妈,很细心地照顾宝宝,就表扬了她。之后她做妈妈更积极了,整个人都显得开朗、活泼起来。

案例分享　如何在游戏分享环节合理安排幼儿座位?

我的疑问:

在进行游戏分享交流时,我经常让幼儿坐成三排。可是三排的位置摆放总会引发一些问题:

一会儿小鹏拉拉边上薇薇的小辫子;一会儿坐在第三排的豆豆开始玩自己的衣服拉链;几个宝宝不停地往前拉椅子发出"咯吱咯吱"的响声;东东把椅子向前拉,挡住一边的贝贝,贝贝大声叫起来:"你干什么……"

怎样才能更加合理安排游戏中分享交流的位置?

专业判断:

案例中新教师能够意识到座位和孩子倾听之间的关联,说明这是一个心中有孩子,且善于观察思考的教师。其实座位的摆放同时还与活动的性质、孩子的年龄特点、倾听习惯等息息相关。在各类分享交流活动中,采用何种方式摆放座位对实施活动有一定影响。如何在交流活动中合理地摆放位置,是老师应经常思考、并在实践中不断进行调整的。诸如此类的问题不仅发生在游戏分享中,还在学习活动、操作活动中频频发生,从而影响幼儿倾听质量与教师的教学实施。

前苏联教育家季亚琴科曾指出,教室座位设置能促进学生学习的发展。对于一些需要老师较多关注的幼儿来说,座位或许会让幼儿感受到老师的关注。其实,不论什么样的活动都应当是每个孩子能积极参与的,这就需要老师考虑多方面的因素,除了分析教材、设计活动之外,合理的场地安排、座位安排也是十分必要的。让注意力不够稳定的孩子坐得离老师近些,离积极参与活动的孩子近些,使他们也能更好地投入活动,养成良好的倾听习惯,从而促进孩子的全面发展。活动中座位的调整虽是一些小问题,但也是决定成功与否的细节问题,值得老师关注与思考。

问题解决:

1. 观察分析原因

今天宋老师游戏分享时没有请幼儿坐成三排,而是请幼儿坐成了马蹄形的位置。起初我不理解宋老师的做法,但在过程中我渐渐明白。宋老师重点指导娃娃家,请幼儿介绍如何为娃娃打扮、推着小车带娃娃出去玩等动作,需要比较大的空间位置。马蹄形的位置是为了在场景中实际操作,使幼儿能更加清楚地分享经验。

教研活动中我听取了一些老师的做法。有些老师采取坐成三排;有些老师采取摆放马蹄形位置的方法;有些老师就当天重点分享的区域请幼儿集中围坐。听了各位老师的经验介绍,分析了其中的原因,发现各位老师都是根据班级的实际情况采取相应的方法。因此,我也需从班级的实际情况出发,寻找适宜的方法。

2. 反思内化方法

在实践过程中,我发现对于小班的孩子来说紧紧挤在一起虽然比较接近老师,但孩子间自控较差会相互影响。我尝试让幼儿在放小椅子的时候每排间距空得大些,这样做既有利于幼儿的倾听,而且便于幼儿起来回答问题或者上前来进行操作。

3. 个别幼儿多关注

在调整座位排放以后我总发现,还有几个孩子仍旧游离于交流活动之外,小鹏和豆豆引起了我的关注。

由于座位是孩子自选的,因此动作慢的豆豆会坐在三排座位的最远端,是老师视线不能直接关注到的位置。也许对于一个积极投入活动的孩子来说,这样的座位安排还不至于影响他们参与活动的兴趣,而对于一些原本注意力稳定性较弱的孩子来说,这样的座位安排就会干扰他们的视线,进而影响他们的倾听效果。因此我在分享交流前经常会关注豆豆,提早拿好小椅子请他坐在离老师近一些的地方,或注意力集中的孩子身边,以鼓励他积极倾听。

案例分享　如何在观察中选取有价值的内容进行分享交流?

我的疑问:

娃娃家、超市等主题都是幼儿十分喜欢的游戏内容,源于幼儿具有丰富的生活经验,而这些经验也会在游戏中充分反映。在一次中班上学期角色游戏中我观察到了四个场景片段。

实录一:

六名幼儿参与娃娃家游戏,其中一名扮演爸爸、一名扮演妈妈,剩下的四名幼儿,分别是阿姨、舅舅、哥哥和姐姐。我问其中一名幼儿:"你是谁呀?""我是妈妈。""那某某是谁呢?"该幼儿陷入沉默。游戏之前,幼儿没有对各自扮演的角色进行协商和沟通,不知道各自扮演的角色,但在游戏时他们享受着独自扮演的快乐。

实录二:

弟弟(4岁5个月)在药店当收银员,卖完东西后依然坚守岗位,我问他:"没有货物了,为什么不关门?""药店是24小时都开门的!""24小时是什么意思?"弟弟回答:"就是没有休息呀!年中无休!"弟弟居然能说出"24小时开门"和"年中无休",这是以往不曾出现的经验。了解后我知道,原来之前弟弟半夜发烧,妈妈在半夜给他买药并告诉了他,显然他已能将生活经验迁移到角色游戏中。

实录三:

乐乐(4岁11个月)将白纸剪成一条一条放在游戏区域之间,然后他对路过的同伴宣布:"这是斑马线,请走斑马线!"可很快材料就被路过的同伴踩得乱七八糟,他重新摆放了几次,还是一团糟,看着凌乱的纸条,乐乐放弃了,地上留下一堆白纸条。可见,乐乐已有关于斑马线的经验,这与目前班级正在进行的主题活动"我在马路边"相关经验契合。

实录四:

"乐购"收银员(4岁2个月)热情地告诉顾客:"苹果5元、饼干

10元……"可收钱的时候却没有按照"标价",顾客给多少收银员就收多少。游戏中的幼儿仅仅满足于付钱和收钱的动作,对数字的概念模糊。

在游戏中观察到那么多内容,我该如何选择适宜的内容点进行分享交流呢?

专业判断:

交流分享是角色游戏中一个非常重要的环节,是幼儿交流游戏中的经验、分享游戏中的情感的重要环节。以往我们会把交流分享叫作交流评价,虽然只是两字的差异但是评价主要是指教师对幼儿游戏情况进行总结和点评,缺乏分享与交流的互动性和方向性,幼儿参与度不高。现在我们的交流分享更注重从预设的评价者向分享交流的参与者进行转变,在教师的组织和参与下,交流游戏的体会、分享游戏的经验、讨论游戏中遇到的问题等,将发言讨论的话语权交给游戏的主体幼儿,使游戏后的分享成为一次有意义的活动。

交流分享环节组织得是否成功受诸多因素影响,游戏过程中能反映出幼儿的各种经验,如何分享孩子们熟悉的游戏经验,进行交流,提取有价值的内容,这需要教师深入思考。

问题解决:

一般在角色游戏后的交流分享时间为十分钟左右,由于时间有限,教师无法安排上述场景中的幼儿一一进行交流,所以教师要思考哪些内容值得在集体中分享,哪些内容又该个别交流。经过思考,我最终选取场景一和场景三与全班幼儿交流。

1. 考虑幼儿的认知经验

在场景一中,娃娃家里的成员互不交往、互不打招呼的状态,就值得交流和分享。中班上期的幼儿尚处于联合游戏阶段,因此鼓励中班上学期的幼儿在游戏中与其他角色交流、合作非常重要。于是,回忆并说说各自的生活经验,邀请幼儿带来全家福并介绍自己的家庭成员,教师适时启发:"一家人互相认识吗?"幼儿回答道:"不认识怎么是一家人呢?""那一家人在一起可以做些什么事呢?"这样的分享可以推动幼儿后续游戏的发展。

可见,交流分享内容的选择要根据幼儿的年龄特点,教师先解决符合幼儿"最近发展区"的问题,对幼儿经验或认知能力尚不可及的内容可以暂缓,因为一些知识经验仅靠简单的交流分享,幼儿在短时间内是很难真正理解的。正如场景四中,幼儿游戏时对收银员"嘴里说的"和"手里做的"不一致毫不在意,他们对收钱、付钱动作乐此不疲,这符合中班上学期大多数幼儿的数概念发展水平,对于 10 以内的分解组合尚不能完全掌握,如果此时在交流分享中强调学会正确收钱、付钱,显然会影响幼儿相互交往的积极性与乐趣。因此,根据大多数幼儿的兴趣,这一游戏内容可仅与个别幼儿进行交流。

2. 考虑幼儿的生活经验

幼儿在角色游戏中所表现的内容是他们对现实生活的反映,它基于幼儿的原有经验。场景三中的乐乐在游戏中设置斑马线,这与班级正在开展的主题活动"我在马路边"相关,既是主题内容中大多数幼儿了解的内容,又在游戏情景中强化幼儿遵守交通规则的意识。虽然这一游戏情节受材料制作的限制无疾而终,但在我看来,选择这一内容不仅能满足乐乐的意愿,还能拓展其他幼儿的相关经验,了解运用合适的材料制作出美观又牢固的"斑马线"。有时游戏中会呈现一些幼儿个体经验,如场景二中药店收银员弟弟虽然能将生活中听到的"24小时开门""年中无休"词汇运用到游戏中,但对其他幼儿来说,他们不理解甚至没有相关经验,可以暂待大多数幼儿有这方面经验的时候再进行交流分享。可见,交流分享内容要找到能被幼儿广泛认同和感受的经验。

3. 选取幼儿能理解的话题

推进游戏的发展、完善幼儿的认知经验、提高幼儿的能力是交流分享的价值所在。在有限的交流分享时间内,教师要充分利用幼儿游戏中的问题与经验,尽量解决幼儿游戏中出现的形象直观的问题,而不能"一言堂"地让幼儿抽象感悟。场景三中斑马线设置问题,不仅是幼儿切实需要解决的问题,而且是提升幼儿生活经验非常好的内容。于是,我和幼儿采用"聚焦问题、交流讨论"的方式积极互动。先讨论要不要斑马线,斑马线有什么作用。接着,请大家为乐乐想个好办法,让他的"斑马线"不会被弄坏掉,从中提升幼儿的经验,帮助乐乐解决问题,推进游戏的进程。对场景二中"24小时开门"和"年中无休"的经验,我选择等待并决定在游戏中增加"24小时""年中无休"的牌子,满足弟弟的个别需要。对场景四中幼儿随意付钱、收钱的问题,我选择顺应幼儿。因为,幼儿目前只满足于付钱、收钱的过程。

案例分享　如何在分享交流中调动幼儿积极性？

我的疑问：

最近孩子们喜欢在"联华超市"里购物，给娃娃家的宝宝买糖果，给妈妈买毛巾。可是每每到了交流分享时间，孩子们却说不清买了些什么，或是在这个游戏区域中发生了些什么，老师也觉得"无从下口"。

豆豆当上了娃娃家的妈妈，穿戴整齐后只见她把宝宝放在了小推车里，推着"宝宝"来到了"联华超市"，买了棒棒糖和玩具。随后带着"宝宝"去了公园、小医院。交流分享的时候，老师问道："今天大家有什么开心的事情吗？"豆豆站起来说："今天宝宝生病了，我带她去医院……"豆豆没有提到去过超市、公园的经历，当老师提醒后似乎也难以想起，这段谈话过后其他孩子们的兴趣早就无影无踪了。

专业判断：

小班幼儿的游戏主题往往与生活密切相关，在角色游戏中喜欢重复、单一的游戏行为，因此许多教师都会有意识地在交流分享中回顾、丰富小班幼儿的生活经验，在此过程中，也难免出现教师的说教成分过重、过度指导干扰了幼儿自主游戏等。经过近阶段的实践和探索，我们发现小班幼儿在游戏情境中更易产生情境共鸣，结合这个特点，我们可以利用多媒体帮助小班幼儿唤醒已有经验，进一步发展自己的游戏情况。

问题解决：

1. 唤醒幼儿生活经验

小班幼儿对角色扮演的兴趣时间较短，游戏情节简单，同伴之间交流互动也相对局限在各自的游戏主题中。在以往的交流分享中，教师往往会运用提问的方式引发幼儿的思考与交流，例如"爸爸妈妈带你去过超市吗？买了些什么呢?"许多教师也会发动家长或者亲自带幼儿去各种有趣的场所，丰富幼儿的相关经验，然而有时虽然实地参观了，但对小班幼儿而言还是无法形象地了解具体情况，此时影像资料可以为其提供帮助。鼓励家长运用影像进行家园共育，拍摄一些真实的照片或录像供幼儿欣赏，为幼儿自主地生成各种角色游戏主题奠定基础。例如，当孩子们对于购物产生兴趣时，请家长带孩子去超市选购喜欢的物品，并运用视频拍摄下完成的买卖过程。当交流分享时再将影像播放给幼儿看，视频的完整性能帮助幼儿边看边回忆起自己购物的所见所闻，而画面中出现的一个个孩子会让他们兴致勃勃地与同伴交流。这样的形式较好地帮助了幼儿回忆购物的生活经验，调动了幼儿之间互相交流的积极性，他们的知识经验得到了分享，并且有了在游戏中体验购物乐趣的欲望，也有了一定的同伴之间的交流互动。

2. 记录幼儿完整游戏

幼儿的角色游戏是他们自身的生活经验的创造性反映，教师往往无法较好地把握"指导"和"自由"的尺度，巧用影像资料可以起到一定的平衡作用。利用照片、视频记录幼儿有趣的游戏情节，不仅让幼儿拥有自由的游戏环境，还有利于教师深入了解到幼儿的游戏水平，并借助影像资料进行有针对性的指导。在角色游戏中，教师总会发现一些精彩片段，但这些精彩的片段让小班幼儿自己回忆或描述就比较困难，于是教师及时捕捉并记录这些精彩片段。它们反映着幼儿的游戏水平,是对幼儿生成新的主题或者行为调整的重要依据,有利于幼儿推进游戏进程。当视频、照片再现时,幼儿既开心又好奇,对之后的角色游戏更充满着期待,新游戏开始时幼儿之间的交流互动自然地增加了。可见,及时捕捉幼儿游戏中的各种闪光点,有针对性地进行分析、引导,可以不断地推进幼儿角色游戏进程。

3. 促进幼儿发展语言

小班幼儿语言表达能力较弱,但具有好模仿的特点,我们利用影像资料组织幼儿分享交流,这样就能直观地看到自己和别人在游戏中的行为,让孩子敢说、想说、喜欢说,并且真正知道说些什么,在游戏情境中模仿,增强交往能力,促进幼儿游戏水平的提升。当然,需注意影像的选择,避免负面行为,以免对幼儿的心理造成伤害。

六、保教实践 • 学习

(一)如何组织集体学习活动?

集体学习活动的组织是指对教育活动的各种因素进行安排、组合或者联结的方法。

1. 准备工作小妙招

集体学习活动前的准备工作指课前准备,分知识准备(幼儿已有的知识经验、生活经验)和物质准备(多媒体课件、操作材料等教具),如有一些特殊的活动还要有天气准备等。

(1)教具的准备:要考虑好每种教具的摆放位置和呈现的顺序。如:先出示什么教具,再出示什么教具;呈现的教具大小尺寸、呈现的位置、呈现的高度等是否有利于全体幼儿的观看。

(2)多媒体的准备:电脑、录音机、电视机等相关器材在活动前要事先调试好,碟片和磁带要事先放好并试听过,以免活动中手忙脚乱,影响应有的教学效果。

(3)操作材料的准备:幼儿的操作材料应该放在教师或幼儿最容易取放的地方,材料要注意分类摆放,便于幼儿使用、收拾和整理。为了避免幼儿在活动中分散听讲的注意力,教具还可以适当使用遮布,或者叠放等方式。

2. 激发兴趣小妙招

"万事开头难",想必我们大家对这句话是深有体会的,集体学习活动亦是如此。若要使集体学习活动一举成功,达到先声夺人的效果,那么精彩的导入必定起着举足轻重的作用了。

(1)适当夸张的语言动作:教师的肢体动作和语言都要适当夸张一些,因为这样首先在感官上给了孩子一个视觉刺激,马上能够吸引孩子的注意力。

(2)生动有趣的导入话题:幼儿感兴趣的话题能激发幼儿的已有经验,能对他们现有的认知和感受提出挑战。如:用一些生动的活动、谜语、小故事,营造神秘气氛等来引入话题。

(3)符合领域及具体内容特征的导入方式:一般来说,谜语导入、谈话导入、欣赏介绍导入、歌曲引入、情景导入、诗歌及故事导入等,比较适合艺术领域,而不适合于数学和科学的学习活动。因为科学、数学活动要求幼儿的思维的逻辑性和严密性比较高,活动本身的探索性强,并且要有一定的知识经验做准备。但由于幼儿的抽象逻辑思维还未较好发展,仍以直观形象思维占主导地位,所以,在组织这类教育活动时,比较适合的是经验导入、材料导入、环境导入、巩固导入等这些导入方式。比如:我们可以联系幼儿已有的知识经验,尽管孩子们积累的只是些比较直观、肤浅的经验,但是幼儿亲身感受的,和他们的生活有着密切的联系,总能很好地激活幼儿的兴奋点,使探索活动顺利展开;也可以由巩固已学过的知识点出发,让幼儿自然而然地进入活动;也可以先给出材料,幼儿通过看看、摸摸、捏捏、敲敲等动脑、动口、动手的活动,会产生很强的探索欲望,可以维持他们的注意力,增强活动的有效性。

3. 培养倾听习惯小妙招

(1)《幼儿教育词典》中对"倾听习惯"的解释为:"指注意倾听他人讲话的良好习惯,幼儿学习语言,主要是通过倾听这一途径。教育幼儿注意倾听、不打断他人的讲话,才能正确地感知说话人的语音、词汇和语法规则,正确分辨、理解他人说话的内容,学习语法规则,掌握语言规律。"《幼儿园教育指导纲要(试行)》中也指出要"培养幼儿注意倾听的习惯,发展其语言理解能力"。那么在集体学习活动中该如何培养幼儿的倾听习惯呢?

(2)安静的环境:活动前检查四周是否有刺激源,尽量创造一个安静的环境,减少无关刺激,避免分散幼儿的注意力。

（3）有趣的内容：看看选择的学习活动内容是否有趣味性,这是维持孩子注意力的最佳手段。

（4）多变的形式：从孩子的年龄特点出发,采取多种形式和手段,如：玩一玩、猜一猜、做一做、变一变、演一演、赛一赛等,提高孩子参与活动的兴趣,动静交替,避免幼儿产生疲惫感,导致倾听质效的下降。

（5）榜样的示范：老师的一言一行、一举一动都会对孩子产生深刻的影响。因此,在孩子讲述时,老师也要认真倾听并通过表情、眼神等动作加以暗示,从而调动幼儿讲述的兴趣,培养其他幼儿仔细倾听的良好习惯。

（6）恰当的站位：教师的站位看似简单,但又很重要,既要能关注到全体幼儿,又要让每位幼儿能看清所展示的教学具。教师可以根据活动需要,坐在孩子们的前面,以孩子们能平视老师的高度为宜。也可以站立,但不要经常走动,避免分散孩子们的注意力。

（7）关注的眼神：教师的眼神要关注到全体,也要让孩子们能意识到你在关注他们每一位,尤其当有孩子起立表达的时候,教师在认真倾听的同时,也要扫视全体幼儿倾听的情况,并作出及时的提醒。当孩子们意识到你在关注他们,他们就会注意倾听了。

（8）适宜的动作：肢体动作往往是为了帮助幼儿理解教师所想表达的意思,因此,动作不宜花哨、频繁,以免孩子分散注意力,用最简洁的动作来表达重点。比如：在进行分合活动的时候,老师可以用划集合圈的手势来帮助幼儿理解"合起来"的意思。

4. 语言组织小妙招

在平时的教学中,新教师都会存在这样的问题:语言不精炼、调控能力不强、提问不准确等等。这样导致的结果往往是课堂教学效率不高,教师很难有快速的进步和专业成长。

(1)趣味性:语言是师生信息沟通的重要手段,是联系师生情感的重要纽带。所以对于我们幼儿教师来说,语言表达仅仅做到准确、清晰、规范是不够的,还必须实现语言的儿童化和趣味性。

(2)开放性:提问对幼儿园集体教学质量有着直接的联系,集体教学活动中的提问是一种最直接的师生互动活动,教学活动中提问的作用如果发挥不好就会影响幼儿学习兴趣和回答问题的积极性,这样一来也就直接影响了幼儿集体教学质量。教师如果常提"好不好、是不是"之类的无效问题,对幼儿根本没有启发作用,所以我们要尽可能提开放性问题,并且注意问题要有适时性,针对全体幼儿进行提问;有层次性,问题由易到难,一步一步激发幼儿思考的兴趣。

我们只有做到自我反思和提升,对以上的内容多揣摩、多实践、多反思、多总结,这样不断的丰富和提升自身的教学实战能力和水平,才能真正提升集体学习活动的组织能力。

案例分享　教师如何根据集体活动的不同特质,有效设计结尾环节?

我的疑问:

活动结束时我常常要求孩子将当天学习到的新本领向周围

的人进行表演,如"我们学会了一种新方法,现在到教室表演给其他朋友看看吧","这首歌唱得真好听,回去表演给爸爸妈妈看"……诸如此类的结尾环节成为了我一成不变的结束模式。虽然鼓励孩子表演能对学到的本领起到复习作用,但如此雷同的结束方式,孩子们已经习以为常,不能真正激发孩子表演的愿望。

在观摩幼儿园骨干老师的公开活动中,路老师的绘画活动结尾处理让我印象深刻,她延续了故事情节,引发孩子思考:"如果蜘蛛下次又感冒打喷嚏,猜猜会'打'出什么动物来?活动以后你可以试着猜一猜、画一画。"这样的结尾让孩子从原本绘画的模仿提升到了创作的高度,也让我深感教学活动的结尾是值得研究思考的。

专业判断:

好的结尾是教学活动的一个重要组成部分,教师如善于把握,不仅能总结、提升之前的内容、激发情感,更能打开孩子一扇新的窗户,让他们看得更远。同时我也发现,设计结尾环节教师必须要充分明确,在活动中你给孩子的核心经验是什么,从而才能做提升,打开新的思考空间。

案例中集体活动结尾环节处理只是众多"每日一问"中的一个代表。诸如此类的问题可能还会是教案的提问设计、教具摆放设计等等。要想破解这类难题,需要的是新教师们广泛借鉴和分析优秀课例、成熟教师的经验,而后通过实践积极验证,逐步将外在经验转化为个人专业技能。

问题解决：

1. 借鉴名师方法

我阅读了《上海托幼》2010 年 10 月刊 P23《教学活动结尾的设计》这篇文章,文章提出了如下几条对于结尾的设计建议:

① 画龙点睛,凸显活动核心信息。

② 借势助推,注重情感迁移。

③ 言犹未尽,激活学习热情。

④ 机智应答,考验教育智慧。

细读文章后,让我进一步感受到教学结尾设计的目的所在,并不仅仅在于追求形式有所不同,更重要的是回归教学的目标。如,从情感上激发幼儿的学习热情,从认知上帮助幼儿巩固及提升引发新探索。只有明确目的,我们新教师才能真正做到根据不同活动,灵活设计结尾。

2. 反思优秀课例

我借来幼儿园经验型教师们的课例录像进行分析,其中有不少让我印象深刻。一是汪老师"吹泡泡"活动在结尾处用了教师展示"泡中泡"的方法,再次引发孩子对探索吹泡泡方法的兴趣:如何通过工具、方法的改变,吹出更多不同的泡泡。二是宋老师的"有用的鞋子"活动,最后环节出现穿溜冰鞋的小女孩缓缓入场,引发幼儿对那些特殊功用鞋子的研究兴趣。

我专门收集了一些教学活动的结尾设计案例放在手边作为资料,每当活动设计遇到困难的时候都能从中获得一些灵感。通过这些,我在设计活动"各种各样的门"时,在结尾环节设计了让孩子们合作,用肢体及一些小道具模仿各种各样的旋转门、移动门等,把整个活动推向高潮。

案例分享 如何在评价幼儿美术作品中进行正向引导?

问题背景:

个别化游戏讲评时,慧慧拿着她折的小兔作品向小朋友们介绍:"今天我折了一个小兔,是看着步骤图折的。我还给小兔子画上了青草。"老师拿着幼儿的作品图问大家:"小朋友们,你们喜欢慧慧的小兔吗?""喜欢。""不喜欢"人群中发出了各种声音。听到有反对的声音老师追问:"为什么你不喜欢呢?"

毛毛说:"她折得一点也不整齐。"

佳佳说:"我觉得她给小兔子添的草长长短短不好看。"

……

慧慧听了大家的评论有点伤心,低下了头。

面对反对声,教师要怎么样评价孩子的作品呢?

专业判断:

3—5岁阶段幼儿自我评价和评价他人的能力尚未真正发展起来,很容易受各种环境因素和情绪的感染,因而引发案例中的尴尬一幕。剖析这一事件,孩子们在评价中忽视了慧慧在折纸过程中的很多优秀品质,而执着于像与不像的问题,这是处于这一年龄段幼儿评价他人时的正常反应。

新手教师因欠缺经验,在组织分享交流活动时对孩子的年龄特点把握不准而使自己处于被动,出现了被孩子"牵着走"的局面。

新教师要通过事先准备,在分享交流开始前预设和过程中挖掘,引发幼儿逐步学会发现同伴学习品质中的"闪光点",积极正确地评价他人。

解决方案:

1. 淡"技能",找"亮点"

教师要有一双发现美的眼睛,不以教师视角、喜好、观点来评价幼儿作品的优劣好坏,而是善于挖掘作品背后的闪光之处。慧慧虽然在折纸技能上还需要练习,但是她却能够看着步骤图独立完成折纸并创意添画,相对于班级其他孩子有了很大突破,是教师可以大力予以肯定之处。通过亮点的扩大化,淡化群体孩子对于折纸等技能的评价。

2. 弃"标准",重"想象"

教师过分注重作品中孩子的技能水平发展,过分强调老师眼中的标准,导致孩子们也认为"像不像"就是评价一个作品的标尺。

中班的孩子评价他人的能力刚刚起步,需要老师积极正确地进行引导。当幼儿聚焦像不像的问题时,老师可以独树一帜地提出自己的观点。"慧慧今天不仅折了小兔,还能够想到为小兔子种上喜欢的嫩青草,真会动脑筋,了不起。"这样的评价将激发更多的孩子进入艺术想象的世界,从而达到幼儿艺术创作最终目的,发展创造力。

3. 重"情感"，巧"评价"

如果我们走向极端，一味地鼓励孩子，不予指导，也是不正确的做法，但建议的态度和方式要诚恳和具体，比如这样说，"小鸡如果眼睛再张得大一点，就能很快找到爱吃的小虫了"，"给花添上好看的花芯，这朵花就会开得更美了"，等等。

老师对于幼儿情感上的支持和鼓励会带给所有孩子一个信息，老师眼中的美不是单一的，只要用心努力，有新的想法，新的尝试，会坚持，都能创造出美的作品。在幼儿美术作品的评价上，教师可以从幼儿的构思、主动性、兴趣性、专注性、独立性、创造性、操作的熟练性以及常规习惯等方面进行评价。教师的鼓励应该是具体的、确实存在的，而不是泛泛的表扬。

> **案例分享**　如何提升幼儿的问题意识？

我的疑问：

到了大班，班级新创设了"你问我答"的墙面环境，目的是为了培养大班幼儿的问题意识。可开学至今，幼儿似乎对这块墙面有些"感冒"，每当我兴致勃勃地问孩子们："关于这些你们有哪些问题想知道的吗？"他们总是看着我，似乎无所适从。

作为教师，应该如何提升幼儿的问题意识，让幼儿爱提、会提问题呢？

专业判断：

幼儿真正的主动探究和学习是从意识到有问题开始的。幼儿有了疑问或问题，并产生想寻求答案的愿望，主动探究问题才进入了真正的准备状态。幼儿也正是在一个个问题的解决中不断健康成长，所以培养幼儿问题意识、为幼小衔接做好准备尤为重要。

案例中，教师已认识到培养幼儿问题意识的重要性，创设了墙面环境作为支持。但教师缺乏墙面与幼儿互动性的思考，不是单一地向幼儿提问，而是要多元地支持，如在一日生活中，又如在一些特殊的活动中，以活动为载体。

问题解决：

1. 同事交流，获取经验

在观摩其他班级时，我发现一些教室里的问题墙有些不一样，幼儿往往会围绕一个新闻或者节日提出自己的问题，整个墙面呈现出主题的态势。级组的经验教师告诉我：她们往往将问题墙与班级中的小小讲新闻联系起来，让每位幼儿播报新闻的同时，增加几个与幼儿互动的问题，不仅提升了提问题的能力，也有利于幼儿的倾听。当有重大新闻、幼儿园有重大活动时，教师还会组织幼儿进行讨论，随后鼓励幼儿提出问题，并对有价值的问题予以鼓励。

2. 班级教师，共同探讨

得知其他班级的做法后，我开始反思自己的做法：过于追求结果，而忽视了幼儿的学习兴趣和过程。于是和搭班老师商议后，我们也模仿这样的方法，将问题墙与班级的"小小讲新闻"联系起来，不仅有向幼儿提问的环节，并且听众也可以向小主播进行提问。对于幼儿的提问，起初为鼓励幼儿开口进行奖励，之后对提得适宜的问题进行奖励，从而激发幼儿的提问意识。

（二）个别化学习环境创设要注意什么？

1. 个别化学习环境创设

个别化学习活动环境创设体现了教师的教育观念，影响着幼儿的自主学习。在环境创设中可以注意以下几个要点：

（1）区域设置合理化

个别化学习活动分为三个区域，即共同生活、表达表现、探索世界。探索又细分为科学常识和数学。表现表达细分为音乐、语言、美术。在创设环境时同一板块的内容应放在同一个区域内。安排区域时要注意封闭区域和开放区域相结合，如：图书区与探索区要呈封闭状态，让幼儿有相对安静和独立思考的空间；音乐角比较热闹不适合安排在探索区或图书角的旁边，应设置在相对开放并远离安静区域的场地。

（2）环境创设立体化

① 利用桌子、椅子、柜子、材料架等不同组合造型进行空间区隔，大则为区，小则为角。（语言角可分为图书区、视听角、表演区）

② 利用桌面、地面、墙面、柜面的兼容，在不同的平面上进行操作。

③ 利用不同的过道、活动室、阳台或平台的室内外兼容，进行动静交替的活动。音乐区可放置在走廊或阳台上。

（3）环境凸显年龄特点

① 小班凸显情境性

小班幼儿的个别化学习环境创设也应生活化、角色化,以角色游戏的形式穿插个别化学习内容。在娃娃家主题开展的过程中,我们可以在摆放袜子的盒上贴上相关的图形与图案,如妈妈放袜子的地方有妈妈的头像,爸爸放袜子的地方有爸爸的图像,等等。有意识地引导孩子观察袜子盒上的图案,将袜子送回相应的"家"。

② 中大班凸显规则意识

适宜的规则提示,是幼儿学习自律的起始。规则涉及时间、空间、数量、操作程序、合作要素等多种纬度,表现的形式也丰富,如小脚印、小靠垫、留位排、座位、时钟、幼儿商量的规则、图书标记。规则提示以丰富多样的表现形态,隐含和渗透在游戏活动进程中,对幼儿行为习惯的养成,文明处事的方式有促进作用。

中大班环境还要更具暗示性、提示性,可以通过创设"区域规则"标志,让活动更有序。

① 调控进区人数的"小脚印"。每一区域所粘贴的小脚印或摆放的小椅子数量,代表这一区域可容纳人数。当幼儿进入这一区域,发现每张椅子都有人时,幼儿就会自动离开或等待,而不破坏区域秩序,这就是椅子满座的提示。

② 有序地插牌入区。每个区域都有人数的限定,当牌子插满时就是提示幼儿进入其他区域活动。

③ 帮助物归原处的"小标签"。在所有材料与工具上,贴上各种各样的"小标签"。"小标签"的使用,不仅使幼儿养成物归原处的好习惯,而且也培养了幼儿的自理能力,既让幼儿主动参与,又美化了教室。

2. 个别化学习的材料投放

（1）材料的情趣性

幼儿曾经体验的、生活性的、情景性的环境,更能激起幼儿学习的热情和愿望。因此,在活动中应尽可能融入儿童经历过的生活素材,尽可能将材料设置在背景之中,以使物化的环境蕴含着情感的内涵。如:在生活区让幼儿学习使用小勺,可以设计给动物、娃娃喂食,在动物的头下有管子让幼儿看见食物的流动就更有趣了。中班:学习使用剪刀可以选择服装设计师的活动,在搭配服装的过程中幼儿可练习剪曲线、剪圆的技巧。大班:为了培养幼儿的运算能力可以进行破译电话号码的活动。

（2）材料的层次性

在投放材料时要关注到同一年龄班幼儿的个体发展差异,这种差异主要体现在同一内容的不同层次要求,既考虑不同儿童的发展水平,也引导幼儿在同一内容活动中逐渐地加深认知,建构和提升经验。如:穿珠活动中教师将不同的珠子进行编号,然后根据排序数字让幼儿进行排序穿珠,排序的要求由易到难。

（3）材料的暗示性

不用教师教材料如何操作,幼儿自己看着图式、记号、简单文字就能操作。如:小班的"汽车城",幼儿看见教师创设高架桥、停车场就知道汽车停放的方法。中大班给"小动物找家",幼儿看见101室、305室就能判断该如何给动物找家。暗示的方法有很多,可用实物、照片、图式进行暗示。

3. 幼儿作品展示

幼儿在个别化学习活动中的作品一定要在环境中展示出来，平面的可以张贴，立体的可以陈列在桌柜上，有的可以拍摄图像。这样是对幼儿劳动成果的尊重，可让幼儿体验成就感，能激发幼儿持续参与活动的愿望。

案例分享　在个别化学习中，如何有序放置材料便于幼儿操作？

我的疑问：

今天我在学习区新投入了"制作花车"的材料，迫不及待地想看看孩子们对于这个新材料的反应。

奇奇投入地玩着，拿着棉签沾着各色的颜料在花车上印各种好看的花纹。不一会儿他看到了边上的刻花机，连忙丢下棉签去找来三张手工纸，刻起了图案。大大小小的手工纸、刻花机、颜料盘堆得满桌都是。原本还算整齐的材料架上物品都不在原来的地方了，因此奇奇怎么也找不到固体胶在哪里。奇奇向我求助说："老师，固体胶在哪里，我要用它给花车贴上这些小花？"

我明明将材料都整齐地放在工具架里，怎么孩子们玩得一团乱呢？

专业判断：

个别化学习区是孩子们根据自己的发展需要和兴趣进行自主探索、学习的场所。老师为了满足孩子的学习需要会投入不同的材料来支持，这样的做法是正确的，但过多的材料必然会影响孩子的操作,从而在两者间产生矛盾。

出现案例中情景的原因可能有两点:1. 班级孩子物归原处的习惯尚未形成,需教师积极引导。2. 教师在学习区的布局欠缺安排设计,不便于孩子拿取操作。

在个别化学习活动中后续观察尤为重要,只有真正观察孩子的操作,才能更好了解孩子,发现问题。学习区的创设,就是在一次次反思中,不断进步,作为教师,如果观察到孩子的不当行为,不能去责怪孩子没有做好,而是要去思考自己哪里做得不够。

这个生动的例子提醒每一位新教师,孩子们的学习区不仅要重视材料的多样性、层次性,同时也要注重环境布局,便于孩子的操作,避免操作过程中的矛盾干扰孩子学习探索。

问题解决:

1. 及时应对幼儿操作情况,有效调整布局

当发现幼儿在美工区游戏中的问题时,我和带教老师从教师自身角度出发,寻找问题关键。我清点了一下花车制作区,材料加工工具有十种左右,若是像容器一样一样有序摆放,就需要很多空间,孩子操作的空间就会被占据。我决定对摆放工具的容器进行调整,在网上买了收纳盒,既节省空间,又能让每样物品都有序摆放,我们又在丢纸屑的篮子上贴垃圾桶标志,提醒幼儿垃圾不乱扔。

我发现在表达表现区,材料摆放尤为重要,好的材料摆放能让孩子的常规更好,活动进行也更有序。同时在日常活动中,我也提示幼儿,帮助他们养成有序摆放物品的好习惯。

2. 借助项目小组,思考共性问题

幼儿园有专门由骨干教师领衔的个别化项目研究小组,我正是这个小组的成员。在参加小组活动时,我将上述问题提出来。希望大家能帮助我一起解决。

同伴的经验提醒我,教师在投放材料和设置区域环境时要充分考虑材料的暗示性,如操作示意图、物品标记、学习区规则,包括该区域可以进入的人数,并和孩子达成共识。这些都是确保个别化学习区中幼儿能有序自主学习的重要条件。教师要根据幼儿差异,对难易程度不同的材料做好方便幼儿辨识的标志。

有的老师还提醒我,在美工区里会碰到幼儿半成品及成品展示的问题,这也要在开设活动前做好充分的思考。作品的分享能为其他的孩子进一步想象发展提供参考,作品的合理收集摆放也是对孩子劳动成果的肯定和习惯培养。教师可以根据区域的特点因地制宜,借助墙面、柜面、折叠网格等进行陈列放置。对于未完成的作品也要有固定的存放格子来支持幼儿在下一次活动进一步坚持完成。

> **案例分享** 教师该如何赋予学习材料多元的价值?

我的疑问:

幼儿在材料的操作、摆弄过程中认识世界,在玩中巩固学到的知识和技能,增强学习效果。在小班"喂小动物"活动中,我投放了自制的动物头像,还投放了各种大小长短不一的勺子、各种仿真蔬果及自制食物。预设的玩法是让幼儿尝试使用不同的用具舀取食物并给动物喂食。活动兼顾幼儿健康、认知领域的基本经验和小班上期幼儿动作发展的需要，并与小班"学本领"主题内容与主题核心经验关联，引发幼儿有亲近动物、关爱动物的情感体验。

这一天在玩个别化的时候，我看到丁丁弯下腰，拿起塑料小勺舀取了一颗圆形的毛球，只见他右手拿勺、左手护在勺子旁，小心翼翼地将毛球送进了小猫的嘴里。接着丁丁想舀起一旁的"西瓜"，可是刚刚舀起，"西瓜"就立刻从勺子上滚落下来。丁丁又试了一次，"西瓜"再次滚落下来，于是丁丁直接用手拿起了"西瓜"，对准"小猫"的嘴，把"西瓜"塞了进去。

这到底是怎么回事呢？教师在投放游戏材料的时候需要如何选择合适的材料？

专业判断：

卡通的动物形象可爱，具有亲和力，易引起幼儿参与活动的兴趣。但在观察中发现，虽然运用了动物的形象，但幼儿与纸盒动物无法产生亲近感，幼儿操作单一，缺乏趣味性，无法与亲近、关爱动物的主题核心经验相关联。

幼儿愿意给小动物喂不同的食物，边缘粗糙的食物材料舀取起来相对简单，而塑料西瓜这类大而光滑的材料，对于小班幼儿来说挑战度太大，以至于幼儿放弃使用工具而直接用手来拿取。而且喂食工具较单一，幼儿无法根据食物大小选择合适的用具。所以还要创设符合小班幼儿年龄特点的情景，提供不同的材料，设置适宜的挑战，帮助幼儿获得多种经验。

解决方案：

通过调整，活动中除了有教师制作的纸盒动物外，还投放了幼儿自己带来的毛绒玩具,让幼儿抱抱喂喂小动物,萌发亲近关爱动物的情感。创设食物小超市的环境,分类放置不同材质、品种的食物,投放不同的喂食工具(幼儿可根据食物大小自主选择合适的用具),同时还增加了小碗、餐盘这些盛具,诱使幼儿将食物舀取在小碗或餐盘中,再喂给动物吃,以增加幼儿操作的机会。

食物小超市的创设使幼儿的操作行为更丰富,活动的价值更趋多元,也更具挑战。幼儿从挑选食物,到喂食小动物,将舀取食物分成了两个步骤,增加了幼儿操作的机会。在喂食过程中,幼儿能根据动物的喜好选择食物来喂食。亲亲抱抱小动物,和小动物说说话、玩一玩,幼儿亲近喜爱动物的情感得以自然流露。材料的改变不仅仅使幼儿在行为上参与活动,更使幼儿在心理上融入个别化学习活动的情境,从而使幼儿获得能力的发展。教师投放大小长短不同的勺子,幼儿在操作中能根据食物大小调整使用便于舀取食物的工具,材料的投放能保证幼儿获得预设的经验,同时还能引发幼儿多角度、多方式地自主学习,使幼儿的经验不断得到拓展。

案例分享 材料对幼儿不再有挑战性了怎么办?

我的疑问:

在中班"小小水管工"活动中,教师投放了水管积木,幼儿自主探索水管的不同连接方法,并尝试将水管接长。佳佳将直的、弯的管道积木一块块连接在一起,一会儿两根水管就连接好了。佳佳拿了一个有三个口的管道积木,她选择了其中的一个接口,对着直直的管道口将它们连接在一起,第三根水管也很快连接好了,佳佳就去玩其他活动了。

孩子觉得活动太简单,不具有挑战性,很快失去了兴趣,教师该怎么做呢?

专业判断:

幼儿带着自己的认识和体验进入学习状态,他们的发展基于原有的水平,因而,活动材料的投放,不应仅顺应幼儿原有的经验和水平,还应赋予活动一定的挑战性。

活动初期幼儿对装水管的活动材料很感兴趣,幼儿在操作管道积木时需要运用首尾连接的方法让水管变长,教师投放的材料有直管、弯管和三通管,虽然设置了三个不同的管道,但幼儿在操作的时候只需考虑将管道首尾相连,没有进一步地探索管道连接的其他因素。在多次的操作中,幼儿获得的连接经验是相同的,材料不再具有挑战性,兴趣逐渐减弱。

问题解决:

我结合过新年送礼物的情景,将活动调整成"新年老人送礼物",将原先的管道积木换成透明的管道玩具,投放了两幢带有屋顶烟囱的房子,其中一幢为数字房、一幢为点子房、每幢房子有6间房,分别用点和数表示不同的房间号,还投放了点、数骰子和新年礼物。设置有挑战的任务,幼儿掷骰子,根据骰子上点子或数字将管道从屋顶烟囱连接到相对应的房间,将新年礼物通过管道送到各个房间。

调整活动材料后,拓展了活动的预设目标,对幼儿形成了新的挑战,幼儿需要根据骰子上数字或点数的提示将管道连接到指定房间,这时幼儿不仅要思考如何连接,还要考虑用怎样的连接接口、怎样的管子,才能连接到相应的房间。在保留活动核心经验的同时,不仅使幼儿积累了连接的经验,还激发了幼儿主动探究的愿望。

案例分享　如何在个别化学习中支持孩子自主学习?

我的疑问:

诚诚今天在美工区活动,当我走过时他连忙拉着我的手说:"老师我不会画云朵,你帮我画一下好吗?"我蹲下身在诚诚的画纸上画了一朵云的样子。

当我刚刚站起身来,折纸区又传出声音:"老师你来帮帮我折这个小兔。"我像个救火队员一样到处援助,活动区角里不断有需要帮助的孩子向我求助示意。

我该怎样引导孩子们,帮助他们学会自主地解决问题?

专业判断:

幼儿在遇到困难时经常会采用求助老师的方法,也有的孩子则直接回避问题。这两种反应都不利于幼儿自主能力的发展。而个别化学习则正是具有培养幼儿通过自主探索,获取各种知识、技能,并提高个人学习能力的良好教育契机。

在个别化学习中,有效的指导不是单纯地蹲在孩子身边给予帮助,而是观察孩子的活动状态,思考环境和材料是否需要调整。

因此,当孩子向老师发出求助时,新教师要学会分析,困难是源于幼儿认知经验不足,还是缺乏克服困难的品质。根据发生困难的不同成因,教师的指导方式可以是多元的。可以直接帮助孩子解决困难,也可以是精神上的鼓励及方法上的指导。

教师以何种角色出现指导幼儿,将直接影响他们解决问题能力的发展。

问题解决:

1. 材料的暗示

我思考各个区域中的材料能否替代老师的指导,如益智区的拼图提示、美工区的刮蜡画参考范本、生活区的编地毯示意图等,我对这些区域的材料投放进行了加工,做个更明确的暗示,鼓励幼儿在没有老师的情况下独立思考,尝试探索。

例如美工区做小兔的步骤图,可以让孩子自己抽取每一个步骤的折法。科学探索区的材料可用照片形式展现玩法。有了这些环境的帮助,孩子不需要一直求助于老师,还能养成自己探索学习的习惯。又如在倾听区,录音设备的提供,引导孩子边听边操作,犹如老师就在身边陪伴孩子听听、讲讲、做做。

同时,投放材料的层次性,也是十分重要的。即使是同一年龄段的孩子,能力发展差异也是切实存在的。需要老师通过增加材料的层次性,帮助那些幼儿逐步积累经验,体验成功。

2. 常规的建立

孩子的常规也很重要,一些能够帮助建立常规的环境创设比教师亡羊补牢的提示有用得多。如图书角和编地毯角的小脚印、图书角安静看书的规则图示等都会帮助孩子养成良好的习惯,也让教师有更多的精力和时间来观察孩子在游戏中的表现。

3. 教师的预设

教师一般要根据幼儿发展情况及材料投放情况而预设当天重点指导区域,在区域中关注幼儿与材料互动情况,判断当天发生的困难是集中在大多数孩子身上还是小部分孩子身上,困难是幼儿能力问题还是材料支持过少。要科学地上调材料难度或降低难度差异,让更多的幼儿能够自主尝试。

学会分析孩子,从而经常改变支持孩子的方式,有时是引导孩子自己去看看步骤图,有时提示孩子寻求同伴的帮助,有时将问题进行分享探讨。这些策略都逐渐指向引导幼儿自主学习解决困难的方法,而不是简单应对解决当前的困难。

案例分享 在分享交流环节,教师该如何帮助孩子仔细倾听?

问题背景:

在分享交流活动中,我抛出问题:"谁想来和大家分享,今天你做了什么动脑筋的事情?"

孩子们纷纷兴奋地举起了小手,小眼睛都期待地望着我。

"文文,请你来说说。"文文声音有一些轻,刚说了几句,城城就叫起来:"老师我听不见。"有的孩子索性和旁边的同伴交流起来。

好不容易让孩子们安静下来了,可当文文再开口时,下面的交流声又多了起来。

怎么样才能让孩子们的注意力再集中起来呢?

专业判断：

分享交流这一活动形式频繁出现在一日活动的学习、生活、游戏各个环节，是教师通过交流提升经验实施保教指导的重要形式之一。新教师自身语言技能的欠缺、提问回应经验的不足以及对年龄特点的把握不足都会影响分享交流的质量，从而影响活动整体的有效性。

注意力不集中，易分心，是很多孩子都有的特点。年龄越小，控制注意力的时间越短。面临这个难题时新教师首先要了解幼儿的特点，分析幼儿未能有效倾听的原因，帮助孩子乐于倾听。通过自身积极学习，采用适宜的方法，不断积累专业经验，在"实战"中摸索和突破。教师要认识到幼儿是分享交流的主体，更好地从提问入手引发孩子积极思考，令孩子乐于参与、乐于表达。除了要做好预设，教师还应该注意到分享交流中幼儿的问题生成。

问题解决：

1. 提问多斟酌，开放引思考

新老师在预设分享交流提问时由于经验不足，不可随意提问，而需要反复斟酌，让每一个提问都具有开放性。这类问题有时会顿时激起孩子讨论的千层浪，帮助孩子突破思维的瓶颈，闪现智慧的火花。我有时候只关注和个别幼儿交流，忽视了和幼儿集体的互动，慢慢形成了不利于幼儿倾听的氛围。通过预设提问，增加互动性，我逐步改变自己的一些做法。

2. 回应有技巧,暗示藏其中

活动的过程中,将对个别注意力不集中的孩子的提醒蕴含在回应的话语中,并时刻提醒每一个孩子倾听的要求。如:"给成功的小朋友拍拍手"、"哟,刚才某某说了一个好办法,谁听到啦"、"请你说得响一点,让每一个小朋友都听得到"。并同时经常用眼睛扫视每一个小朋友,提醒孩子老师正在关注着他。新教师可以养成记录好词好句的办法来提升自己在语言指导上的经验。好记性不如烂笔头,这是迅速成长的要诀。

3. 幼儿是主体,生成要重视

在分享交流中教师主导不应过多,多让孩子发言并做提升。分析我以前的做法,我经常会因为自己事先的预设,想好今天小结时要说的话,在孩子没有回答完整的情况下就会着急把正确的答案说出来,或者用填空式的方法让孩子说出教师想要的答案。有时由于孩子们生成的问题出于自己原先设想之外,我也往往选择忽略。很多孩子因为没有机会来表达自己的想法,而影响倾听兴趣。

我认识到要凸显幼儿在游戏中的主体地位,教师在分享交流中一定不能停留在泛泛而谈,它需要教师心中有目的,要能以现场捕捉到的种种幼儿游戏状况为基础来进行交流。更关键的是教师要能在交流分享过程中促进幼儿游戏水平的发展,推进幼儿多种能力增长。

第三部分

家园共育　教师与家长并肩同行

一、如何开展一次有效的家访?

在开展家访讲座前,我们首先收集了新教师关于开展家访的困难和问题,共收到各类提问 52 个,涉及家访中的交谈内容、注意事项等多个方面。针对新教师的问题我们进行了汇总梳理,合并为八个问题。

新教师家访问题汇总表

新教师家访问题	教师提问人数
1. 在家访的内容上我该注意什么问题? 谈什么内容?	6
2. 该如何在家长和孩子面前树立一个教师的形象? 包括语言、服装、言谈、举止。	4
3. 如何介绍自己,能让家长觉得我是一位可以托付的好老师?	4
4. 家访时单独进行,还是与搭班老师共同进行?	3
5. 教师第一次去幼儿家里家访,我们需要准备什么?	2
6. 在家访时间安排问题上,什么时候比较合适?	1
7. 家访时要告知家长哪些事情,从家长那儿得知哪些信息? 需要记录哪些信息?	1
8. 家长问起一些棘手问题,我们不能准确回答时如何回应?	1

家访的过程是教师与家长、教师与幼儿彼此熟悉、了解的过程。教师们走进每个新生幼儿的家庭,使家长感受到教师家访的全面以及细心,同时亲身感受到幼儿的生活环境,父母的养育方法,幼儿的发展状况,为我们更好地开展家园联系奠定了良好基础。

(一) 了解家访的目的

家访可以减少新入园宝宝的哭闹现象,解决分离焦虑的情绪,缩短入园适应期;了解幼儿的性格特点、生活习惯、自理能力、兴趣爱好、行为习惯;了解幼儿成长的家庭环境,家长的育儿观念,帮助教师制定相应的教育措施;让家长在与教师的谈话中了解幼儿园的一日活动常规,引导家长适当调整幼儿的作息时间,培养幼儿的生活自理能力,养成良好的生活习惯,使幼儿能更快适应幼儿园生活。

(二) 做好家访前的准备

1. 家访前拟好家访题目。教师提前对家访中可能出现的情况做预先设想,有针对性地制定出应对策略,才能胸有成竹,做到有的放矢,避免家访的失败。如问问孩子的喜好、习惯、爱吃什么、喜欢谁,让孩子在老师面前小露一手,借机夸奖孩子,能加深孩子与老师的感情。

2. 预约家访时间。现代家庭由于家长忙于工作,预约家访可以让孩子的父母安排好时间与教师面谈。因此,家访之前先打电话与家长取得联系,确定家访时间以及家访的地址,做到准时到达(最好不早到,也不要迟到),教师安排好每个宝宝的家访时间,以确保走访时能见到每一个宝宝。同时教师可以把幼儿园里的一些教育思想和习惯培养等要求告知家长,有利于家园一致教育。

3. 制定家访线路。把住在同一小区的孩子放在同一时间段进行家访,可以最大限度地节约时间,提高家访效率。

4. 制作家访记录表。家访记录表的建立可以使我们的家园联系册发挥作用,孩子原来的基础是怎样的,现在有了哪些变化,在家访记录表中教师可以一目了然,对记录也会很有帮助,会让家长对教师产生敬佩的心理。

5. 注重自身的仪表。要知道自己是个教师,一定要在家长前树立良好的教师形象,这既体现自己的素养,又代表着幼儿园的形象。教师应注重仪表形象,穿着不应太随意,不宜穿吊带衫、拖鞋、化浓妆、戴大耳环等,见面主动问好,微笑地对待家长和孩子,语言要朴实诚恳,举止大方。

(三) 注重家访过程的有效性

1. 让家长和孩子认识老师

家访过程中老师们来到幼儿家中,用亲切的语言自然地进行自我介绍,可以缩短家长与老师的距离。然后通过与幼儿玩游戏、玩玩具、看看宝宝小时候的照片等形式与幼儿互动、交流,了解幼儿,亲近幼儿,从游戏等互动中初步了解幼儿的知识技能、行为习惯、性格特点等;同时使家长对老师产生信任感、亲切感,认同教师,并对幼儿园和教师产生期待。

2. 在家访中了解幼儿

了解孩子的小名,叫叫幼儿小名使幼儿初步熟悉自己的老师,消除陌生感。牵牵小手,抱一抱,简单的身体接触使幼儿对教师产生好感。主动跟孩子交流,和孩子一起玩他们喜欢的玩具,谈他们感兴趣的话题,还可采取送小礼物的方法缩短彼此间的距离,让他们喜欢你,亲近你,这样孩子到幼儿园就会减少哭闹。同时,向家长了解孩子的一些生活习惯及饮食爱好,还可以询问家长幼儿在家里有什么喜欢的,不喜欢的东西或事情,比如说喜欢吃什么东西,不喜欢吃什么东西,午睡时的习惯如何,是否会自己大小便、洗手、喝水;是否会用语言表达自己的需求和不适等,这样帮助老师进一步了解幼儿,在幼儿园的时候也可以尽量避免让幼儿闹情绪,还可以同家长一起帮助孩子纠正不良的习惯。

3. 要了解孩子的家庭

为使家访效果更好,我们还要了解幼儿家庭有几口人、工作单位、家庭经济能力、家庭关系,这些对于幼儿园建立家长资源库是非常有意义的。只有全面地了解幼儿的家庭情况,教师在工作时就能发扬家长的长处,也有利于确定班级家委会的名单,家长工作的效果就会更佳。

(四)家访要讲究交流的艺术

先围绕一些家长感兴趣的话题聊上几句,引导家长主动地参与到谈话中,创设良好的谈话气氛,力求达到与家长产生共鸣,取得家长信任,然后,再逐步引入主题,向家长了解、介绍幼儿的情况。一方面了解幼儿的生活习惯、兴趣爱好、个性特点和家庭教育环境,以及他们在对待幼儿教育问题上所持的观点等;另一方面通过家访让幼儿和家长尽早熟悉老师,初步建立师生间的感情。家访结束时与幼儿约定,如说:"老师在幼儿园等着你来,和老师、小伙伴们一起玩游戏,学本领,你一定要来哦!"以吸引孩子来园,使孩子对上幼儿园有所期待。虽然短暂的家访并不能够完全改变孩子入园时的情绪,但老师们用爱心设身处地地去理解和关心爱护幼儿、教育幼儿,一定能够让孩子们尽快适应幼儿园的集体生活。同时给各个家长发放"新生入园服务手册",让家长提前做好心理和物质上的准备,同时还可登记幼儿的园服尺寸。

案例分享　新教师如何取得家长的信任?

我的疑问:

星期一的早上,我精神饱满地站在教室的门口,微笑接待着每个孩子。这时青青蹦蹦跳跳地走了过来,我赶紧迎了上去:"早上好!"只见青青的妈妈微皱了一下眉头,勉强笑了笑说:"今天王老师没来吗?""哦,她今天有点事可能要稍晚点到。青青有什么事和我说好了。""没,没什么。"望着青青妈妈匆匆离开的背影,我有些失落。家长为什么不愿意找我呢?

专业判断:

其实作为一名新教师,刚从学校毕业,面对家长时出现这种情况是很正常的。由于没有为人母的经验,又刚刚接触幼儿,对各个幼儿的发展情况和个性差异可能不熟悉,这往往容易引起个别家长的敏感反应:不信任新老师。况且由于新教师缺乏经验,可能在某些细节部分处理不当,使家长认为老师对自己的孩子不够了解,甚至产生误会而引发矛盾。

遇到这样的情况,新教师应该先分析现象背后存在的原因是什么? 其实青年教师不被信任的原因是双方的。一方面家长认为年轻的教师缺乏养育的经验,很难从生活各方面细致入微地照顾孩子;另一方面青年教师也认为自己年纪轻,说话没有底气,生怕家长找茬、挑毛病,在与家长沟通时也缩手缩脚不够自信,反而引起家长的误会。

问题解决:

1. 要让家长了解自己

(1)彰显自己的亮点,展现教师魅力。家长可能担心新教师经验不足,所以更要彰显自己的亮点。于是我在第一次家长会时,向家长介绍自己的专长和亮点,让家长了解到我是本科学历,并具有美术专长,给家长们留下初步印象。

(2)关注形象建立,注意语气语态。在和家长交流时要注意自己的语气和表情,和家长多交流幼儿的在园表现,让家长知道虽然我很年轻,但是我也会像其他老师一样关心孩子。家长们会从各个方面来判断一位教师,因此要亮出自信、专业和细致。

(3)珍惜交流平台,展现专业风采。要敢于寻找机会在家长面前展现自己的风采。例如我在师傅的带教下,敢于共同承担家长会主讲任务,适时利用PPT和家长讲解班级环境等,让家长感受到新教师的专业能力。

2. 要理解家长

教师要学会换位思考,在信任和尊重的基础上,尝试从家长的角度去思考问题。

(1)新教师要学习倾听家长的心声。有的家长就在一次观摩活动中说道:"我真喜欢孩子们在幼儿园游戏时的样子,可惜平时都拍不到照片。"回到家,我将孩子们平时活动的照片按姓名分类,并发送到家长的邮箱中去,家长们都被这样一个细小的事情感动,也通过这些照片感受到了老师的工作。

(2)妥善面对教育分歧。在对孩子的教育过程中,来自不同家庭的家长可能由于思考角度的不同等原因,和老师的指导方式有所不同。如果能够尝试着多倾听家长的心声,并注意语气委婉、反映情况客观、态度平和,可能就更容易和家长达成共识,获得家长的信任和理解。

案例分享 当孩子在园发生小意外时如何与家长沟通?

我的疑问:

我正在下班回家的路上,突然接到豆豆爸爸生气的电话:"今天我的孩子被笑笑咬了,手留下一个红印子,这样的孩子太没家教了,我要找他们家长讲讲道理。"

我一听就愣住了,停下脚步脑中立刻回忆放学前的片段:下午孩子们都好好的,豆豆也是高兴地被妈妈接走的呀。怎么会被笑笑咬了呢?好像自由活动的时候两个孩子是在一起玩的。我心急如焚,连忙联系搭班老师一起回忆带班的每个环节,希望寻找到工作的疏漏,做好家长协调工作。

专业判断:

在集体环境中孩子之间的争执和意外,年龄越小越难以预防发生。诸如此类的问题还有运动中的不慎摔跤,孩子间的无意推拉,等等。

小班孩子还是比较以自我为中心的,不懂得分享、合作等规则,争抢玩具是常有的事情。此时的幼儿正处于语言发展时期,有些口语表达能力不是很强的幼儿常常用行动来代替语言。还有,现在的孩子多为独生子女,在家中总能得到及时的回应和满足。而在幼儿园里遇到不顺心的事情就会采取一定的"行动"来引起同伴的回应。

当孩子间发生了小意外时我们应该先搞清楚,发生意外的漏洞在哪里,绝不能先找借口,推责任。这些小意外的发生如处理不当,会引发矛盾升级,成为家长与老师、家长与家长间的矛盾。

新教师在应对时应把握这样的原则:实事求是、积极面对、将问题最小化。如果事件影响较大,无法独立处置时,应及时向园方上报,寻求支持。

问题解决:

1. 理清幼儿年龄特点

通过和带教老师的沟通并查阅了《课程指南》中的幼儿年龄特征后,我更清晰地了解到了小班孩子的行为受情绪支配作用大,有情绪不稳定容易冲动这一特点。有时他们不善于表达,会采用打一下、咬一口等方式来和喜欢的孩子交流互动。我还梳理了一些小班孩子受这一特点所影响的事例和表现,作为自己专业知识储备,以便在日常带班中清晰了解教育对象的行为特点。

2. 消除家长顾虑

新教师在意外发生时,要及时向家长告知事情经过,取得家长的信任。晚上我主动家访,诚恳地向家长表示歉意,说可能在带班转身间疏忽了对孩子的关注。同时也向家长表态,会采取妥当的措施和搭档互相配合,做好防疏漏工作,更仔细地关注孩子,逐步消除家长的顾虑,取得谅解。

其次,针对豆豆爸爸对实施"伤害"的幼儿的不满情绪,我耐心地向家长介绍了小班孩子的年龄特点及行为,希望家长能够谅解。有时孩子是无意的,只是处于这一年龄阶段特有的沟通方式,随着年龄增长,语言表达的提升会有所改进。教师一定会利用各种教育方式去指导孩子,帮助幼儿学习正确的沟通方法。

3. 提高安全意识与技术

在日常应通过熟读《教师一日生活指导手册》不断积累专业经验,提升有效设计、实施活动的能力。在工作中多加关注,防范一些动作比较急的孩子,并经常地开展安全教育,引导孩子提高自我保护意识,减少隐患。在组织一日环节中时刻注意自己的站位,清楚地观察到每个幼儿的情况。尤其对我们新老师来说,组织集散活动前对幼儿发出的指导语口令是否清晰也很重要。

为了提高安全意识,我们还建立了班级安全员制度,由两位班主任轮流担任班级安全员,在当日提早来园,对活动室内外进行巡视,发现安全隐患及时排除。

二、如何制定家园共育主题活动方案?

家园共育:家长与幼儿园共同完成孩子的教育,在孩子的教育过程中并不是家庭或幼儿园单方面地进行教育工作。家庭是幼儿园重要的合作伙伴,应本着尊重、平等、合作的原则,争取家长的理解、支持和主动参与,并积极帮助家长提高教育能力。而幼儿园的家长工作的出发点就在于充分利用家长资源,实现家园互动合作共育。

(一)家长会计划

1. 了解家长会的几种形式

(1) 发布会形式

针对一项或多项主题,以教师讲述和传达为主,以家长提问为辅的形式。多用于新生家长会,让家长了解幼儿园生活中的信息。目的就是准确、及时地向家长介绍幼儿在园的情况、幼儿园的情况等。

(2) 共同活动形式

这种形式的目的主要是在共同的活动中增进彼此的交流。教师在前期需要对家长和幼儿有一定的了解,根据本次家长会的目的,有意识地选择合适的家长参与本次会议。家长也可以在此次家长会中自由发言,与教师和其他家长产生互动。

2. 设计一次有意义的家长会

(1)明确家长会的目的。确定家长会的主题,即通过这次家长会,需要达到什么样的目的:是让家长了解本学期幼儿的发展情况为主,还是让家长了解幼儿园的重点活动项目?老师可以全面铺开地讲,但最好是有侧重点地来描述,如幼儿园的特点、教室的环境创设或者本学期幼儿园的一些重大活动等。只有明确了主题和目的,才能围绕这个主题组织家长会。

分析班级幼儿的整体情况或者近期情况。幼儿的整体情况,可以是班级人数以及男女比例、班级幼儿的整体发展水平等。近期情况可以是教师在分析幼儿最近发展区后,需要家长特别了解或者需要共同培养的幼儿近期情况,如幼儿的社会交往能力或者生活自理能力上的培养等。

(2)幼儿园的相关事宜。幼儿园的安全工作、办学理念等的介绍。

(3)幼儿园的特色活动。对于幼儿园一个学期的特色活动做一个简短介绍。

(4)需要家长配合的内容。根据班级工作的需要,写一些家长需要配合的事宜。从物质上的,需要家长带一些什么物品来园等,到行为上的配合,如接送孩子时候的注意事项等。如果内容过多,可以准备一份"配合事宜"发放给家长。

（二）亲子活动或主题节活动

1. 明确主题节活动的意义和价值。以引导幼儿社会性以及情感之发展为目的，发展幼儿对于某一事物的了解、兴趣或情感。写清楚本次活动意义以及目的，在之后的活动中，始终围绕着这一目标来设计小活动。

2. 活动时间。活动时间可以是一天内。如果是系列活动，可以让班级教师有一定的时间支配权，提出一个持续的有范围的时间。

3. 活动准备。活动准备要非常详细，什么样的材料、材料的数量以及是否需要教师提供等，都需要写明。如果是需要相互配合的活动，将人员安排也列入准备，详细描述每个人的分工与合作。

4. 活动内容。活动内容可以是要求家长和幼儿共读一本书；共看一场电影；共唱一首歌；共绘一幅画；共做一件玩具；共讲一个故事；共做一个游戏；共做亲子装等。

案例分享　如何在家长半日开放活动中指导家长正确评价自己的孩子？

我的疑问：

在幼儿园的家长开放活动中，文文外婆的眼睛一直关注着孙子的表现……

文文在尝试用线测量椅子的高度，外婆看着文文慢吞吞的样子冲了上去："你怎么这么慢，我看人家都好了，快把线放在这里量。"

小朋友们在一起交流，外婆看文文没有举手，在一边干着急。活动结束时外婆生气地批评文文："老师提问的时候你怎么不举手，外婆教你那么多一点也没记住，真笨。"文文受到外婆责备，低着头很泄气。

文文外婆在开放活动中对孩子的诸多"干扰"和批评，伤害了文文的自尊和自信。该如何帮助家长们正确评价和指导自己的孩子呢？

专业判断：

在开放活动中家长通常希望看到自己孩子有好的表现，从而高度关注孩子有没有举手发言、能否答对问题等比较显性的指标。有的家长觉得自己孩子在家能说会道，可是在幼儿园的表现与在家里的表现相差很远，会比较着急。有的家长比较要面子，在与其余幼儿横向比较后，觉得自己孩子没有积极参与活动，心理不免有些失落，希望通过在旁的指导，使自己的孩子脱颖而出。因此，常常可见一些家长在开放活动中、活动后，急切地对孩子进行干预或批评。

而事实上孩子的发展是多元的，举手不是判断孩子发展好坏的唯一标准。产生两种不同评判标准关键的原因在于：家长来观摩活动的视角是关注自己孩子的发展，而教师组织活动的视角是面向全体的。不同的视角、立场，影响了对幼儿的评判。

对孩子实施的教育要遵循幼儿身心发展规律。因此，在解决问题的过程中，教师的作用尤为重要，努力通过自己的行为，帮助家长学会发现自己孩子与众不同的地方,发现自己孩子的亮点;帮助家长认识到,举手发言只是评判孩子的一项标准,而不是唯一标准。

教师可以在家长开放活动前预先设计有效的观察表,帮助家长学会欣赏孩子、尊重孩子,学着正确评价自己的孩子,引导家长依据自己孩子的成长轨迹进行纵向发展比较来提升,让家长更清晰地了解自己的孩子。

问题解决:

1. 设计表格,引导评价

在家长开放活动中,为了方便家长的正确评价与信息反馈,根据当天活动的内容,我和带教老师一起设计了当天家长开放活动的评价表格。在表格中更多以选择的形式出现,比如在测量身高的过程中您的孩子是①主动邀请,还是②被动邀请;您的孩子在操作的过程是①专注地进行游戏,反复探索与尝试,②对某一材料感兴趣,反复操作,还是③摆弄材料。通过这些表格式的选择题,让家长更有目的地观察自己的孩子在每一个活动环节的表现,对孩子今天的表现有一个正确客观的评价,并能通过自己观察的现象与老师重点交流。

2. 多种渠道,有效预告

在活动前,为了让家长们更了解幼儿园当前阶段的教育重点,并使家长更有目的的参与活动,我和搭班老师一起详细制定了家长开放活动预告,预告中有当天开放活动的内容,详细的时间安排以及选择这些活动的原因等,并在家校互动网络及班级公告栏告知和提示。

与此同时,在即将进行活动前与家长约定,划定观摩区,提示家长让孩子独立自主参与活动,希望家长信任自己的孩子,给予孩子自主探索成长的空间。

三、如何填写家园联系册?

作为与家长沟通联系的手段之一,我们不可小视家园联系册对于家长工作的重要性。因为平日的交流都是口头的,家长看到的是你这位老师对待孩子的用心,测试的是你的沟通能力。但当你白纸黑字写下来的东西是正规的,经过深思熟虑的,家长就能看到这位老师的专业素质与专业水平。那么如何填写家园联系册呢?

① 四大板块:生活、游戏、运动、学习。

② 字体不宜过小,内容要简单易懂。要标注重点环节。

③ 互动性强,互动内容全面性。

生活板块:

1. 以近期培养幼儿的生活活动为主。

2. 以近期培养幼儿的生活内容为主。

游戏板块:

1. 结合倾听能力的培养,以倾听游戏为主,家庭游戏为辅。

2. 介绍本月重点角色游戏。

运动板块:

能够看出近期活动的重点,又可以为家长所用的游戏。

学习板块：

呈现主题活动内容以及家园互动的方式。

家园联系册是实现家园联系的一种简便而有效的形式。家长可从中经常得知孩子的点点滴滴及家园配合教育方面的具体要求，教师则可从中获得家长的反馈信息，了解幼儿在家的表现及得知家长的意见和要求，从而使幼儿在家园双方的教育下更好地发展。

家园联系册有别于家园联系窗。家园联系窗是面向全体幼儿家长，就班上孩子共同性的问题进行探讨，而家园联系册是就某一个孩子的教育问题与家长进行交流，因此，教师必须抓准每一个孩子的个性特点，用具体、精炼的词语描述下来，使家长一看便知老师讲的是自己的孩子。家长在佩服老师独到眼光的同时，了解到老师在关注他的孩子，这样就很容易与老师产生共鸣，从而愿意拿起笔与老师交流。

（一）给家长留下一个好印象

书写规范，字迹工整清楚。如果老师的书写文字不尽如人意，可以用打印粘贴的方式。但如果你有一手好字，家长更愿意看到老师本人的笔记。对某些字拿不准时，应认真查阅字典。为避免错别字的出现，老师在填写好家园联系册后应认真审查一遍，既检查是否有错别字，也要检查是否有不恰当的措辞。

（二）讲究一点交流的艺术

我们在填写联系册的时候，多以表扬鼓励为主。要注意向家长汇报孩子的长处，即使是再淘气的孩子也要努力寻找他的闪光点。而且对于孩子的闪光点，我们一般写在给予家长建议之前，充分唤起家长对孩子的教育意识和信心。教师写家园联系册时要把家长视为教育合作伙伴，真诚地与家长交流，要让家长从字里行间看出这种感情，切勿居高临下，主观臆断。

（三）给予有效的建议

我们在向家长提出建议的时候，常常会无的放矢。如我们会写下这样的要求："希望你能养成良好的午睡习惯"、"希望你在游戏中能遵守规则"。

作为教师，我们很清楚幼儿在哪些方面表现不佳，做得还不够，我们确实也把该幼儿的不足之处指出来告知家长，希望家长能够配合，一起来引导、教育孩子，促进孩子进步。但是，从家长的角度出发，教师这样的评价缺乏可操作性，家长会对此感到很茫然，怎样的午睡习惯才算是良好的？在游戏中究竟该遵守怎样的规则？家长虽有协助之心，但是，他们却无从下手，不知道该怎样来引导孩子，"家园合作"因此成为了一句空口号，无法起到共同教育的目的。

为此，我们在填写家园联系册的时候，要对症下药，向家长提出符合孩子的有针对性的建议。如,中班幼儿在语言发展方面有一条目标为:"会独立地翻阅图书,能理解和讲述图书画面的主要内容,初步养成良好的阅读习惯。"有的孩子在讲述方面能力较弱,那么就可以建议家长每天抽点时间陪伴孩子一起翻阅图书,并指导、鼓励孩子多练练、说说,引导孩子逐步养成良好的阅读习惯,提高语言表达能力。这样,家园才能有效互动,发挥教育作用。

(四)尝试拟定一个学期的主题

给班级的家园联系册定好一个学期的主题,让你的家园联系册更有目的性和系统性,主要根据不同年龄的幼儿的特点来设计。

实例:小一班幼儿家园联系册实施方案

3月:我的故事——我的本领(教师着重于幼儿生活活动方面的描写,从午睡的习惯、用餐礼仪、盥洗室里的小故事等入手,让家长了解自己孩子在园的生活)。

4月:我的故事——我的好朋友(着重于描写幼儿与同伴之间的交往)。

5月:我的故事——我最能干的事(让家长了解幼儿在园的学习,如会一首儿歌,一幅画都会让家长感到宝宝在园的生活非常有收获)。

6月:我的故事——我的趣事(写入老师与幼儿之间的趣事,可以用对话的形式描写,让家长感受到老师对自己孩子的关注)。

教师也可以根据本班的实际情况做出相应的调整,也可以根据幼儿园四大板块的内容来设定。这样一份简单的方案不仅让你在写家园联系册的时候有话可写,也可以促进老师在平日对幼儿各个方面的观察。

实例与评析:

内容:

春天是孩子身体快速发育的季节。为了更好地促进孩子的生长发育,我们加强了户外锻炼。前几天,我们班级进行了体能测试,她在单脚跳的项目中取得了我们班级的第二名呢,真棒。

最近我们班级开展了"春天的变化"和"小问号"的观察活动,目的是培养幼儿的观察力和对事物的探索能力。您在日常生活中可以有意识地引导她去观察周围环境的变化,如动物、植物以及人们的变化,帮助她丰富感性知识经验,从而引起积极的思维活动,谢谢您的合作。

评析:

这份家长联系册的内容有介绍,有要求,有告诫,有希望。语言诚恳,条理清楚,实例中小朋友是个温柔可爱内向的小姑娘。由于性格原因,孩子适应幼儿园集体生活有些慢,从小班时候就爱哭,现在已经升入大班了,遇到点困难仍免不了哭,对此家长几乎失去了信心,老师理解家长的心情,在与家长的交流中,抓住点滴进步,及时汇报给家长。如"她在单脚跳的项目中取得了我们班级的第二名呢",言外之意是"您不要认为她什么都不行"。接下来一句"真棒"说得非常精彩,老师以由衷的赞美唤起家长对孩子的信心,短短两句话,可以使家长从中感受到老师对孩子的关注和深深的爱。

案例分享 遇到过度保护孩子的家长该怎么办呢?

我的疑问:

早晨,有家长送宝宝来园时,说:"你们班某某小朋友,昨天捏了我们瀚瀚的脸,他说小朋友捏得很疼的,我看看好像也有点红,这样不行的,小朋友怎么可以随便捏别人呢,老师要管管啊,再不管要叫那个家长来了。"我回答:"好的,我会问清楚情况再说的,我也会找捏人的小朋友谈谈。"只见瀚瀚躲在奶奶的背后,脸上带着笑。遇到这种过度保护孩子的家长该怎么办呢?

专业判断:

在幼儿有告状行为的时候,一定要先观察分析幼儿可能告状的原因,例如:受到欺负感到委屈,是非面前寻求大人公正解决,表现自我吸引大人注意,缺乏独立处理问题的能力,嫉妒、推卸责任,等等。要先找到幼儿可能告状的原因,再对症下药。

其次,家长工作也要做好,要多和家长沟通,引导家长正确应对幼儿这种告状的行为,让家长正确认识问题的所在才是关键。

问题解决:

1. 面对孩子

在自由活动时间,我单独找来了捏人的小朋友和他谈话,我问他为什么要捏小朋友的脸,他说:"因为我喜欢瀚瀚。"于是我就和他交流了一些可以表达喜欢的方式。

面对瀚瀚,我没有当着全班的小朋友为他"出头",而只是找他聊聊:"你喜欢和幼儿园的小朋友玩吗?",他想了想说:"我不喜欢某某,因为他总是要打人。"我问:"那我怎么看见你一直和他一起玩,而且还玩得很开心呢?"瀚瀚说:"是他要一直和我玩。"我说:"因为他喜欢和你一起玩,但我也看出来了,你也喜欢和他一起玩,玩的时候,你也会去碰碰好朋友的,对吗? 我们小朋友一起玩的时候都有可能碰到别的小朋友,有问题可以动脑筋解决,或找老师解决。所有班级里的小朋友老师都喜欢,不会特地帮谁的。"瀚瀚嘟着嘴想了一下,看着我说:"知道了。"

2. 面对家长

有些幼儿会把当天所受的委屈第一时间讲给家长听,个别家长会相当维护孩子,认为自己家的孩子一点问题都没有,都是别人的错。

其实,由于孩子年龄小,他们在日常活动中常因为小事而"打架",可能只是你挠他一下,他推你一把的轻微动作。家长的兴师问罪可能会给孩子带来很多负面影响,容易导致孩子性格变得怯懦,缺少独立性,遇事不敢自己作主,总想依赖父母。

教师应该引导家长正确对待孩子的告状问题。最关键的是千万不要急于为孩子打抱不平,而是要引导孩子弄清为什么被打了,做错了什么事? 要把事情的前因后果了解清楚,如果孩子有错,就要耐心地说服孩子向对方赔礼道歉,然后让孩子告诉对方打人不是好孩子。如果孩子无辜被打,家长也不要急着为孩子代言去责备打人者,而是要教给孩子正确处理矛盾的方法,鼓励孩子自己解决问题或向教师反映,这样也有助于幼儿解决问题能力的培养。

案例分享 如何让家长正确看待"五角星"？

我的疑问：

枫枫妈妈来幼儿园接孩子，刚走到门口就听到枫枫在哭闹。原来今天在学习活动时表现出色的孩子得到了五角星奖励，而他没有得到。

枫枫妈妈看到孩子伤心就提出："老师，你也给枫枫一个奖励吧！否则他会一直吵的！"我说："可是他今天活动的时候离开座位影响别人，老师希望枫枫改正，下次就能得到五角星了。"妈妈说："这个问题我回去就教育他，老师你今天就给他一个算了吧。"在家长的再三要求下，我无奈地把五角星奖励给了枫枫，但心里觉得这样做并不妥当。

如何面对家长不明智的要求呢？

专业判断：

喜欢受到奖励和表扬是每个孩子的心理需求，枫枫的行为和心理是幼儿园里大多数孩子在遇到挫折时的正常反应。老师需要帮助枫枫学会通过自己的努力得到"五角星"，而非依靠家长协助。在这里教师不仅仅需要教育孩子，更要通过这一事件引导家长正确面对孩子的挫折教育，保持家园一致性。

在进行家庭教育指导工作的过程中，新教师一方面要学会坚持原则，另一方面也要有技巧地和孩子及家长沟通，勇敢地运用专业知识去指导家长，给予有效建议。在面对矛盾冲突时，一味顺应家长要求并不一定是合理、有效的。由于家长们来自于不同家庭，当双方教育观念有较大冲突时，不急于求成，采用合理的方式让家长逐步认同，是新教师需要掌握的一项教育技能。

问题解决：

1. 及时回应孩子

每个年龄段的孩子都会遇到不同的困难和挫折，一些挫折看似是小事，对于孩子却可能是很大的打击。因此我能理解枫枫对于没有得到五角星的失落情绪。在给优秀孩子发五角星之后我应该主动和枫枫沟通交流，寻找他在活动中的亮点给予肯定，并指出当天的不足并鼓励其改正，也许这样做能对枫枫的情绪有所安抚。

2. 正确指导家长

教师要帮助家长了解，什么事情都由着孩子，并不利于孩子的成长。在和枫枫妈妈的交流中，教师要让家长了解五角星的意义，理解老师这样评判做法背后的想法和意图。最后，教师可对该幼儿进行跟踪指导，将后续幼儿改进情况拍段录像向家长反馈。教师还可以巧妙利用网络，将事件隐去家长姓名，搬到班级群里开展互动讨论，形成对事件的正确看法。

3. 敢于接受任务

在和孩子交流中我发现，交给孩子一项有挑战的任务，其实也是一种逆境锻炼。比如在剪纸课中，枫枫剪得不怎么漂亮，他大哭起来，于是我上前安慰："哎呦，这个纸如果再剪过来一点，就更漂亮了，我再送你一张更漂亮的纸试试，一定能剪得更好看的。"建议妈妈平时可以经常和孩子交流，在孩子遭受挫折时给予鼓励，经常对孩子说:"你一定行!"对于消极的情绪要及时给予疏导,这样的教育方法才能引导孩子正确对待挫折。

案例分享 如何与家长沟通孩子的在园表现?

我的疑问:

悠悠妈妈放学的时候一连几天都问:"今天我们宝宝在幼儿园表现怎样呀?"我的回答经常是:"不错,悠悠今天表现蛮好的。"妈妈又问:"他吃饭睡觉怎么样?"我脑中尽力开始回想悠悠今天的表现,说道:"悠悠今天吃饭很好,睡觉也睡着了。"

我从悠悠妈妈的脸上看到了失落的表情……

后面的几天里,悠悠妈妈不再向我询问孩子的情况了,我该怎么做才能比较清楚地向家长报告孩子的在园表现呢?

专业判断:

在新教师们踏上工作岗位初期,对家长离园时的各种问题常常是疲于应付。出现这些情况的原因:一,可能是新教师面临许多班级常规的挑战,刚开始可能重点关注如何顺利组织幼儿的一日活动,而疏忽了对孩子的观察;二,她们可能对家长还不够了解,不知道家长们想知道什么,想听什么,更不明确离园前的家园沟通,是让家长放心孩子在园情况的重要环节。一句简短的话语,可以让家长感受教师对自己孩子一天的关注。

清楚地知道孩子们在园表现反映出一名教师的观察能力以及工作责任心。家长如果经常遇到老师一问三不知,久而久之便会失去对老师的信任。新教师要加强自己的观察能力,在工作时细致地捕捉孩子间发生的点滴小事。

一名教师只有了解自己的教育对象，才能寻找到合适的教育指导，推进幼儿全面发展。所以，教师不但要学会表达，更要会观察、会倾听。

问题解决：

1. 源自观察

当有家长向带教老师询问时，她总能举出孩子很多一日活动的例子，通过这些例子向家长告知孩子近来的情况。我便问："这么多的例子从哪里来呢？"带教老师说："所有的回答都是来自于平日里细心的观察，家长需要的回答不是一个词语或者一句话，生动的例子更具有说服力。你是新教师，观察不够细致，可以拿一个本子，用关键词记下孩子的一些情况。当你拿着本子告知家长孩子的表现，更会得到家长的认同。"

2. 途径多元

在科技迅猛发展的当今社会，教师可以利用网络资源与家长取得及时的沟通。小黑板、微信等，都是我们可以善加利用的有效沟通手段，及时向家长反映幼儿在园的表现。我也在思考，还有哪些方法可以清晰地告知家长幼儿在园表现，并于实践中找到了自己的方法。如：点点是个不爱吃水果的宝宝，一天她在吃苹果时嘴巴张得小小的。于是，我拿出手机说道："点点张开大嘴巴，老师会把点点棒棒的样子拍下给爸爸妈妈看。"从这以后，每次点点吃水果时都会来到我面前请老师给她拍照。我也通过微信平台，及时上传照片，在这种特别的沟通中，与家长形成了良好的互动，增进了交流。

3. 成长跟踪

我在与同事交流后发现,每位老师都会用自己特别的方式记录班中幼儿的成长,有老师还用个案跟踪的方式记录特需儿童的发展,清楚地记录孩子进步的每一天。在成长册上连续的记录能让家长看到孩子的成长轨迹。在这种对特需儿童跟进指导的情况下,可根据事件发生及时记录沟通。

在和家长反馈时不能一味表扬或批评孩子,要兼顾孩子的优点和不足,将现状、进步和问题都告知家长,共同寻找解决问题的办法。教师可用比较委婉的语言与家长交流,先描述细节,分析原因或提优点,再讲述不足和建议,这样将更容易让家长接受。

"不错,悠悠今天表现挺好的。"这样的话模棱两可,家长当然不满足。但如果一味地描述孩子在幼儿园的不足,而没有指导建议,这样的交流评价通常也是低效的。

新教师还需要针对问题跟进指导,如说"妈妈平时有空可以多带悠悠到小区和朋友一起玩,让他和同伴相处时更主动自信,那就更棒了"。这些具体的做法和建议,具有很强的操作性,对家长有启示作用。

第四部分

教学研究 点亮专业成长的灯塔

一、如何制定个人计划?

刚刚踏入工作岗位的幼教教师,有着对工作的一腔热情,但是还存在着对教师角色意识淡薄、对教育教学工作不熟悉、缺乏经验等诸多问题。因此,根据教师自身特点为自己做一份个性化的个人规划就显得非常有必要,这可以帮助新教师有目的、有计划、有针对性地经历专业发展和成长,经历一个从量变到质变的历程。

(一)师德规划——观念、情操和品质

幼儿园的幼儿培养目标和教育理念都是通过教师进行传递的。教师的职业道德不仅是行为上该做什么、不该做什么,教师的道德观念、情操和品质将在日常教学、与幼儿互动的过程中不自觉地起到示范作用,对他们的终生发展潜移默化地产生深远影响。教师可就以下几方面进行规划:

1. 新环境中的生存适应能力——在一日活动中有效进行师生互动,和孩子相处融洽。

2. 分析本班孩子的年龄特点和行为特点。

3. 普遍性的特点。

4. 个别幼儿的特点。

5. 制定有效师生互动的策略:

(1)根据班级幼儿普遍性的特点及个别幼儿的特点,进行因材

施教。

（2）利用家长资源，了解孩子、亲近孩子。

（3）分析自身吸引孩子的特质，设计师幼和谐互动的一些策略和方法。

（二）专业规划——专业思想、专业知识、专业能力

作为专业人员，教师需要在专业思想、专业知识、专业能力等方面不断发展和完善。对于新教师来说，专业提升不仅是自我挑战，也是获得家长、社会认可的最直接方式。

1. 找出自己最近阶段最需要解决的工作问题，分析问题产生的原因。

2. 制定解决问题的对策，可通过阅读专业书籍、请教带教老师和其他教师等。

3. 做好阅读笔记和成长笔记，累积困惑及获得的经验。

（三）氛围规划——团队价值、人际关系

对幼儿园的队伍建设来说，教师并不是单独的个体，而是团队的成员。在园所发展过程中，逐渐形成教师团队的主流价值观，以共同的做事方法和共同的发展愿景，营造融洽的工作氛围，以大方的心境、宽容的心态彰显教师自身的优秀品质。

1. 了解幼儿园的园本文化和办园精神。

2. 发掘团队中每位教师的优点。

3. 寻找自身的优势和不足。

4. 制定完善提高自身的策略，提升自身的价值。

5. 自己的优势如何在工作中得到体现。

6. 自身的不足如何借鉴他人得以完善。

个人职业规划是教师专业成长的路标，虽然实现的过程是一个持续、长期的积累过程，但能给新教师有一个更为明确的目标，引领新教师有目的地进行成长。

案例分享　如何有效进行听课记录？

我的疑问：

"老师，你能不能把你刚才组织的活动内容给我抄一下？"听到这句话时，很多人都会认为一定是学生在向老师要上课的笔记，事实上，这句话是我每次在听活动后都要对执教老师说的一句话。

作为一名新教师，听课学习机会很多，可是每次观摩活动时都有一个问题困扰着我，活动笔记到底记什么好？总觉得老师说的每句话都要记。这样一来，我不仅来不及记录，而且连幼儿的回答都会忽略。每次去听课时，我到底应该记些什么呢？

专业判断：

观摩活动是幼儿园最经常开展的研讨活动，听课记录是听课的第一手资料，是课后进行教学反思交流的材料和依据，更是促进教师专业成长和提高教学水平的宝贵财富。新教师不仅要做好听课记录，而且课后要再次回顾，对教学活动进行剖析与反思，多一分思考就多一分提高，反之，即使听 N 节课，也许只是一节课的 N 次重复，不可能有什么改进和提高。所以学会记录，对新教师提高业务水平和个人素质尤为重要。

新教师观摩活动时不会记录,归结原因主要是以下几点。一、教师对于在观摩中究竟应该看些什么不是十分明确,所以也就不知道该记什么和怎么记。二、新教师有极高学习的热情,观摩时什么都想学什么都想记,所以总觉得来不及记。三、没有分清楚每次观摩活动的性质,如有的是教研组组织的级组研讨活动,有的是展示活动,有的是优秀教师示范活动,有的是课题研究活动,等等。不同的观摩活动其学习的价值也是不同的,不加以了解判断,听课记录的价值也无法体现。

问题解决:

1. 做好观察准备

每次听课前做好心理和物质准备。俗话说:三人行必有我师,我们在听课时首先要抱着学习取经的态度和目的,哪怕是观摩和自己同样资历的新老师,也一定有值得自己学习的东西,何况一般执教者在活动前都会精心准备,一定会有许多地方值得我们学习和借鉴。同时也要学会带着批判和审视的目光,因为无论多么资深的教师,准备得多么充分,教学过程中也难免有疏漏失误之处,也一定会有"败笔"之处,记录下来,回顾、梳理和剖析这些"败笔",吸取教训,作重新思考设计,以便在以后自己教学时得以改进和提高。同时以此为鉴,也可以使自己在以后的教学中少犯或不犯同类错误,减少失误,提高教学水平。

在物质准备方面可以先问执教老师要一份教案,这样一来新教师就能对这节活动的内容心中有数,如果是详案的话就更好了,可以省去你记录的许多内容。记录时不妨准备一支双色笔,对重要的、有疑问、自己听课中闪现的灵感等内容做好标注,这些若不及时去捕捉并记录下来,就会因时过境迁而烟消云散。这些标注有利于在活动后与执教教师互动、讨论,也有利于使听课记录成为重要的教学研讨资料和进行教学研究的依据。新教师还可以借助媒体工具,如摄像机、录音笔、照相机等把听课过程摄录下来,好的教学方法、巧妙的教学设计、新的思维方式、对某一问题的独特处理技巧、巧妙的过渡承转,甚至一句实用的话、一个贴切的词语,都可以作为自己学习的重要依据。

2. 记录活动时间的分配

在一节集体教学活动中,教师可以记录各部分的教学环节分别占用多长时间,通过时间记录可以判定该活动环节的时间分配是否合理,是否突出教学重点内容,是否给予幼儿充分的思考、表达、操作,是否有效达成教学目标,从而提高教师优化课堂教学时间管理的能力,提高教学效率。

(1) 记录教师的活动准备

教师的走位、场地安排、动作示范等也是可以记录的重要内容。一般组织活动前,教师一定会对场地以及教具的摆放事先做好准备,这些摆放通常根据幼儿操作的需要,有些都是经过慎密思考的,所以新教师可以将其作为模仿对象快速以图画式的方法记录下来。

(2) 记录师幼的互动质量

平时教学中经常会强调师生互动,在听课记录时很多教师只注重执教教师的指导语,而忽略了幼儿的回答。师生双方的互动都要记录,特别是当幼儿出现不同的问题或者独特的见解时,把它记录下来,通过分析幼儿的反应,教师的回应技巧,可以促进教师关注幼儿之间差异、因材施教,在研究了解幼儿的基础上探求新的活动方式和教学方法。新教师可以从中积累有效的师幼互动方法。

(3) 根据观摩活动性质进行记录

不同的观摩活动,幼儿园在组织新教师观摩时的用意也是不同的。如果是级组研讨活动,要根据组长布置的研究任务,从研讨的视角、话题进行记录,有利于围绕主题进行研讨。如果是优秀教师的示范活动,尽可能利用媒体设备进行全程记录,便于新教师反复学习、体悟。如果是带教老师带教展示,新教师还可以针对自己近阶段的困惑点,有目的地进行记录,如最近对如何设计活动结尾有困惑、幼儿说跑题时自己无法回应等,这些困惑点便可成为本次记录的重点环节,以便分析反思,提炼方法。

案例分享　如何记住幼儿园的各项工作任务并按时完成?

我的疑问:

事件一:玩吹画的时候诺诺玩得很投入,但由于我只提供了袖套,没有准备好美工衣,结果诺诺衣服弄脏了。我意识到自己活动准备不充分,想好离园时要和诺诺家长表示一下自己的歉意。可离园时,我急急忙忙地发放物品,挨个叫孩子名字,一阵忙碌把这件事情忘了,最后只好通过打电话的方式弥补。

事件二：幼儿园礼仪大活动将要开始了，负责活动的老师要求各班主任在星期一前把网站上家长们发帖的礼仪习惯儿歌整理出来。可过了几天，我却把这个任务忘得一干二净。幼儿园里有许许多多细小而不可忽略的小事，怎样才能记得牢并按时完成呢？

专业判断：

在从学生角色到教师角色的转型过程中，新教师面临的工作压力是很大的。来自于学生、家长、同事、领导的各种任务要求，常令新教师们应接不暇。由于工作经验的缺乏，一件小事会让他们花费比别人更多的时间。但看似点滴小事，也反映出新教师的工作责任心和能力，积累起来也会影响家长、同事、园领导对个人的评价。新教师跟孩子的约定，就是在构筑自己在孩子心中的"信誉"，要在孩子间构筑"以身作则，说话算话"的榜样。

新教师在此时需要提升自己管理工作任务的能力，学会将各项工作任务按时间、性质、重要程度进行分类排序处理，重视每一件小事，做好每一件小事。

问题解决：

1. 办公室文化区提示

在参观其他班的环境时，我发现有老师在办公区制作"备忘"区域。而且形式很多样，有的用夹子夹工作提示纸条、有的直接写在小黑板上。既增加了办公区域的温馨氛围，又能即时提醒工作，在忙碌中也不会忘记一些任务和小事。我决定在我的办公区也制作这样一个备忘的装饰，在工作中时不时地看一看，提醒自己不要忘记小事。

2. 主动沟通，相互提醒

园长老师在和新教师交流时，提醒我们要把自己知道的任务、班级发生的事情经常和搭班交流商议。我原先常在收到工作邮件后，心想着邮件是群发的，每个老师都会收到就不和搭班老师沟通。但是这样容易把事情忘记，有时会影响工作的实施。现在我改变做法，经常和搭班交流，一有什么任务要完成或班里孩子发生了什么事就主动告知、商议、相互提醒，这样一来大大改进了我"健忘"的毛病。

3. 预习明天的工作

工作预习是新教师提高带班质量的有效方法。在带教老师的提醒下，我养成在前一天下午温习第二天带班组织活动流程的习惯。我和带教老师一起预习，询问带班的组织语言是否合适，面对幼儿可能的问题该怎么回应，看看教具设计、摆放是否需要改进等，以备活动中的各种"意外"出现。其次，看看工作本上记录的事项是否按时间节点完成了，有没有家长工作或教研任务，都可提前思考，做好准备。俗话说：笨鸟先飞。经常性地思考在前，有利于我们新教师增进工作经验，确保任务完成，逐步提高工作效率。

> **案例分享** 如何让新教师的语言具有吸引力？

我的疑问：

奇奇最喜欢玩汽车，早晨刚一来幼儿园就大喊："奇奇要开出租车啦。"并快速地冲进汽车城。其他几个宝宝也被奇奇吸引，跟着大叫"我要开小卡车"、"等等我,我也来了",冲进汽车城里。

我看到了生气地说:"宝宝们,教室里能奔跑吗?"三个孩子听到老师的批评,摇摇头,回答说:"不奔了。"

奇奇拿着小汽车兴奋地跑到娃娃家做送车上门服务,可一不小心撞到了出门的"爸爸"。奇奇直摸着自己的额头,哇哇大哭起来。我几分钟前才提醒过奇奇,不要在教室里奔跑,可奇奇一点儿也没有记住我的话。怎样能让孩子乐意听老师的提醒呢?

专业判断:

新教师如何丰富自己的语言魅力是需要一个过程的,根据自己的性格、能力,需要的时间或长或短。作为一名幼儿教师,我们不仅要学会向幼儿展示我们的语言魅力,还要学习会跟家长及同事进行交流,提升自我语言魅力。

一位具有语言魅力的教师不仅能够激发孩子的倾听兴趣,也能引导和感动孩子,起到事半功倍的效果。也许语言魅力是一种天赋,但教师也可以通过积极努力掌握专业的表达技巧。

面对孩子,如何有效地实施教育,幼儿教师要拥有把话说到孩子心窝里的技巧。这样,师幼之间,阳光和煦、心悦诚服的景象就会经常出现。

问题解决:

1. 翻阅书籍,寻找方法

我对自己指导语十分匮乏的问题有所认识,但对如何改进没有好的方法。在翻阅《上海托幼》时,看到应彩云老师有一篇文章《把话说到心窝里》引起了我极大的兴趣。阅读之后,我感同身受!

怎样把话说到心窝里去呢？同样是遇到孩子在教室奔跑的问题，对比我和应老师的做法，却有着本质的不同。我只是硬生生地告诉孩子"教室里不许跑"的规定，而应老师发现孩子在教室里奔跑时，却柔柔地关爱孩子"弄伤了怎么办"。虽然我们说话的字数相同，但效果却大大不同。就如应老师所说的，我们应该学会，从孩子当下的心理需要出发、从自身的感受出发、从已有的经验出发。我发现自己找到了一个改进的好方法。

2. 观察记录，分析整理

带教老师宋老师带班经验十分丰富，通过观察宋老师的带班，我能学到很多宋老师具有吸引力的语言。俗话说得好，"好记性不如烂笔头"。于是，我学会记录并进行整理。平时，可以多拿出来读一读，记一记，学一学。如："宝贝们勇敢试一试，我喜欢敢挑战的孩子"、"耐心听别人的话，能让你学到很多"……

3. 反思问题，不断实践

我在每天的带班实践中将收集到的有效指导语加以运用。开始的时候是生疏的，还是有些死记硬背的感觉。慢慢地，这些话语才逐步转化为自己的语言，我学着把这些话串起来，慢慢融会贯通，形成个人语言风格。

在提醒幼儿的错误行为时，少用否定语言，避免经常出现："不可以……"，而是用正确的行为引导入手，如："老师知道某某是个有本领的宝宝，肯定会慢慢走路，是吗？"

学会经常站在孩子的视角进行沟通交流，如："你想和大家一起玩,这个想法真好,老师也喜欢和朋友一起玩。抢玩具肯定找不到好朋友吧? 你还有其他的办法吗?"

案例分享　教师到底应该多一分等待,还是多一分干预?

我的疑问:

"你到其他地方去玩吧。"

"这里我在玩,你走开。"

"这块拼错了,你不会,让我来。"

午饭过后自由活动时间,耳边传来了一阵争吵声,只见文文抱紧双臂,护着手中的拼图说:"你错了,你不会玩,让我来。""老师……"文文继续大声"求救",并用求助的眼光看着不远处一直在观察他们的我。我并没有走过去,只是伸出手指做了个安静的动作。文文见我没过去,朝着希希瞪圆了双眼,理直气壮地说:"老师说过的,这个游戏只能一个人玩,你要玩的话等我玩好了再来。"希希看看我,又看看文文,将拼图扔在了桌子上,嘟哝了一句:"那你玩好了给我玩。"便走开去找其他内容玩了……

专业判断:

新教师在组织班级活动时经常会碰到这样的两难的情况,在面对幼儿争执时到底是上前干预呢还是默默观察等待幼儿自己解决问题。新教师在何时介入幼儿活动的判断上往往会产生许多疑问,这就需要教师对当前的情况有着准确的判断。

如案例中,文文和希希的问题并没有解决,他们两个人只是因为一人的离开而结束,教师可以通过组织讨论,引导文文和希希想出更好的解决办法,从而来提高他们解决问题的能力。

给幼儿空间是一种教育的手段，但不是听之任之，教师应做到耐心观察，适时引导。作为旁观者的教师应该在之后和幼儿交流，肯定他们正确的行为给予加强，对于和同伴交流中的错误行为要提出指正。

问题解决：

1. 了解幼儿

每个班级的每位幼儿解决问题的能力也是不一样的。教师要了解每个幼儿解决问题的能力，在他的最近发展区上试着提高。在每个年龄段遇到相同的问题解决的策略是不一样的。小班幼儿鼓励他们有问题去找老师，把事情说清楚。中班幼儿能试着两人分享，友好相处。大班的幼儿能主动解决问题。

2. 捕捉时机

幼儿游戏过程中在什么情况下教师必须介入？一般来说，当幼儿出现以下情况时教师应当介入：当幼儿遇到困难、挫折，即将放弃游戏意愿时；当幼儿在与环境的互动中产生认知冲突时；当游戏中出现不安全的因素时；当幼儿主动寻求帮助时；当游戏中出现不利于游戏开展的过激行为时；当游戏中出现消极内容时。但必须注意的是，教师介入游戏的目的是支持幼儿实现游戏愿望。

当幼儿在争执过程中有肢体冲突时，教师一定要及时介入将幼儿分开。教师的介入并不等于不给幼儿自己解决问题的空间，教师的介入同时也可以促进幼儿解决问题能力的提高。如案例中教师可以介入问文文："有没有什么办法可以让大家都能玩呢?"让

幼儿想办法是老师的最终目的,可以让幼儿之间讨论这样的办法
大家是否满意,这样的介入既能解决矛盾又能教给幼儿解决问题
的办法。

3. 集体交流

这样的事件老师也可以在集体分享时与大家一起交流讨论。
如问问全班的幼儿:"当遇到这样的情况你会怎么办,有没有什么
好办法让大家都能玩到。"这样的集体分享不仅能丰富文文和希希
解决问题的经验,也给其他幼儿一些解决问题的办法。

二、如何做好班务工作?

班级是幼儿园的核心单位,是幼儿学习、游戏的主要场所。幼
儿日常行为习惯的养成、一日活动的组织都是依托班级这块基地
进行的。班级的管理水平直接影响着幼儿园教育教学活动的
进行。

(一)班级日常教育教学工作

1. 对班级幼儿能有全面的了解

作为一名工作在第一线的教师,将班级常规带好的一个前提
条件,是对本班幼儿能有全面的了解。因为幼儿之间本身就存在
着年龄和生理上的差异。教师只有了解每位幼儿的个性和习惯,

才能制定出符合本班幼儿发展的常规管理方法。

2. 常规教育要日常抓

"千里之行,始于足下。"幼儿良好的常规也要从幼儿身边的每件小事做起。即从细小处开始,从日常生活中的基本要求做起。这里提到的常规其实是很广泛的,它包括生活常规、学习常规。而生活常规,隐含了幼儿良好的卫生习惯、在园的生活习惯、集体规则意识的培养等等。教师要根据幼儿在园一日生活的内容有计划地开展教育活动。

3. 常规教育要抓重点、反复地抓

幼儿年龄较小,自控能力较弱,要让幼儿养成良好的常规意识,教师首先要让幼儿知道为什么要这样做、应该怎样做,进而提高幼儿分辨是非的能力。由于幼儿的可塑性比较强,他们良好的常规养成并非一朝一夕就可以达到,还需要我们在教育中遵循幼儿的身心发展规律,要将常规教育晓之以理,要讲究培养的形式,要反复练习并不断地改变形式,以此帮助幼儿养成良好的常规意识。

(二) 班级常规建立的方法

1. 让幼儿在音乐中建立常规

在区角活动或是自由操作的活动中,让教师最烦恼的就是整

理物品。如何让幼儿快速整理，又能快速地安静集中讲评呢？其实使用音乐的方法，就能收到不错的效果。在活动接近尾声的时候，可以播放幼儿熟悉的音乐(音乐的节奏感最好要强劲一些)，幼儿听到这些音乐后就会马上开始整理和集中，而且不再像以前那样吵闹，减轻了教师的负担，又提高了幼儿自我服务的意识。在体育活动后或餐后活动后，我们可以使用比较轻柔的音乐如摇篮曲、轻音乐等，幼儿听到后也会自觉休息了。

2. 利用餐前小故事促进幼儿进餐常规

如何让幼儿能安静、快速、干净地用餐也是教师常会碰到的问题。教师可以通过餐前小故事，让幼儿的常规得到改善。每次进餐前教师都可以根据昨天的进餐情况，或者是当天的食谱自编一个相关的小故事，配合不同的行为要求，提高幼儿的进餐质量。

3. 利用榜样促进常规

每位幼儿都有不同的个性特点，教师要善于捕捉幼儿身上的不同的闪光点，并以此为榜样，激励幼儿互相学习。例如每次在擦嘴巴或者是擦小手的时候，总会有一部分的幼儿，不能按要求将毛巾自觉整理好。但是有一次，老师发现婷婷自觉将别的幼儿用乱的毛巾整齐地叠好了。针对婷婷的这次举动，老师进行了表扬并以此激励其他幼儿像她一样去做。

小班的幼儿虽然已有了初步的规则意识，但毕竟自控能力比较差，不能较好地遵守规则，会给教师的工作带来一些安全隐患。为此教师就要勤字当头，善于观察幼儿的举动，当发现幼儿不能按要求来完成时,可以反复地练习、讲解直至幼儿能遵守相应的规则为止。

(三)家园同步教育的关键

在日常的教育教学工作中,良好的沟通是做好家长工作的关键。只有在家园双方的沟通中才能互相了解、互相交流、互相合作。

1. 与家长建立良好的信任关系

现在大部分家庭的孩子都是独生子女。有些家长老是怕孩子在幼儿园不习惯,会吃亏,对老师也缺少一定的信任。这时教师就应该"以心换心",真心与家长交朋友。在平时的工作中,孩子的衣服穿反了、鞋子穿反了这类小事,都会引起家长对教师工作的不信任与不放心。这就需要老师和保育员齐心协力把家长的小事当大事来做。

2. 以平等谦虚的态度和家长谈话

在与家长的沟通中,讲话的技巧也非常重要。教师不可以总是以教导的口吻对家长说话。家长对孩子在幼儿园的生活,最关心的问题是吃、穿、睡,所以教师要经常把幼儿在幼儿园的事情主动与家长交流。特别是一些特殊的事情,不要让家长去乱猜、乱想。

3. 创造恰当有效的沟通方式

一个班级管理工作的成功与否,还要看教师的家长工作是否到位。因为家长是幼儿园与社会联系的桥梁、是窗口、是宣传栏,教师对家长的接待工作,直接关系到幼儿园的声誉与形象。因此对家长的工作要做到热情周到,要真诚接待每位家长,笑迎家长,笑送家长,做到手勤、口勤。平时及时沟通,共同切磋育儿经验。

幼儿园与家庭的沟通有很多形式:家长会、家长开放日、家访、家园联系册。如家长园地是我们平时用得较普遍的,可以及时向家长传递班级教育情况,使家庭和幼儿园实施协调一致的教育,让家长了解本班的教育情况。又如家长会,开学初和期末教师要召开家长会,将班级的计划、措施、要求、总结等全面地让家长知道和了解。还有当幼儿在园发生了争吵、冲突、摔伤等,教师要及时地向家长说明原因和经过,用真诚的心向家长道歉、争取得到家长的原谅和理解。

总之,班级的管理工作,要求班主任有一颗敏锐而细致的心,洞察一切,处理好方方面面的关系,切实为幼儿、为家庭营造一个宽松、和谐、安全、卫生、舒适的精神环境和物质环境。

案例分享　组织幼儿离开教室外出时,如何兼顾每一个孩子?

我的疑问:

中午散步结束,我带着孩子们排队上楼梯。杰杰是年龄偏小的孩子,他排在队伍中间,走着走着突然叫起来:"你们干吗,别推我啊",然后就摔倒了。后面的队伍因为杰杰的摔倒都停了下来,有的孩子开始你推我挤,有的孩子在队伍里咯咯地笑起来。遇到这样的情况,我应该怎样避免危险事故的发生呢?

专业判断:

新教师在日常带班时需要面对班级众多的孩子,由于这些幼儿存在各种年龄、动作发展差异,因此给老师组织管理,尤其是外出活动的管理带来很多难度。除案例中描述的事件以外,诸如此类的相关问题还有:对运动中体弱幼儿、动作发展缓慢幼儿的关注等。

在离开教室的各类活动中,教师要提高自己对幼儿的准确分析,事先对发展差异的各个幼儿做到心中有数,就能在各类活动中作出妥善的安排,兼顾整体与个体。同时,教师利用各种机会教给幼儿有关健康与安全的简单知识和技巧,帮助幼儿养成自我保护方法,在成长的过程中避免许多危险的发生。

解决方案:

1. 站位有分工,大局要顾全

在和老教师交流中,我得到了很多有益的经验。在上下楼梯或外出离园时,一般需要两位老师和一位保育员分别站在队伍的前、中、后。前面老师领路,并注意控制队伍前进速度,后面的保育员注意不让幼儿掉队,保证全体幼儿的安全。中间的老师,位置是可移动的,需要留意队伍中的特殊情况。

2. 幼儿放首位,特殊先处理

当发现个别幼儿出现小意外时,如鞋子掉了,可请走在中间的老师协助照料。教师也要教会幼儿懂得,遇到情况暂时走出队伍在路边停下穿鞋,以防止个别问题阻碍整个队伍的前进。在安排位置时,教师可以让能力弱的幼儿和能力强的幼儿牵手,或直接安排在排头或队伍尾端,由老师照顾,这样就会减少个别幼儿对整体队伍的影响。

3. 教育不放松,家园来共育

教室、楼道、走廊是幼儿园容易出事故的地方。教师可在平时的生活中,通过环境的创设等来帮助幼儿建立一定的安全常识。例如,小班的幼儿以儿歌形式为主,利用"小猫轻轻走"等帮助幼儿建立常规。而中大班的幼儿,可以邀请他们轮流担任安全小卫士,在幼儿园门口执勤,提醒入园的幼儿注意安全慢慢走。

另外,幼儿安全意识的培养和家长对于孩子的鼓励是分不开的,家长可以配合幼儿园的教育,开展"亲子安全标志设计"大赛等活动,和幼儿一起设计各种安全标志,贴在家里或幼儿园内,积极发挥家园共育的作用,让幼儿能真正获得自我保护的安全知识技能。

案例分享　对孩子进行批评时应注意什么?

我的疑问:

幼儿园发起了"心连心灾区捐款"活动,凌凌从家里带来了五元钱投在了捐款箱里。可到了离园的时候,捐款箱里的五元钱不见了,这让我和孩子们疑惑不解。

第二天的早上佳佳入园打开抽屉放玩具时,我偶然看见里面有五元钱。幼儿一般不带钱来幼儿园,这会不会是昨天箱子里丢失的五元钱呢? 我悄悄联系了佳佳的妈妈,证实佳佳这两天并没有带钱来幼儿园。我猜测很有可能,这就是昨天遗失的那五元钱。我该怎么和佳佳交流这件事情呢?

专业判断:

每个人都有犯错的时候,面对幼儿的错误,批评并不是真正目的。在批评的过程中帮助幼儿,正确认识自己的行为,学会判断才是真正有意义的。

有艺术、有技巧地对幼儿开展批评教育,正确理解对幼儿进行批评的目的,是新教师踏上工作岗位必须学会的技能之一。新教师在批评时要谨慎地选择场合、调控交流过程中的语气,平等地与幼儿沟通,这些做法更利于幼儿认识自己的错误行为,与教师坦诚沟通。这些显然不是师范学院课堂上所能获得的知识,而是唯有熟知儿童心理学的知识,站在幼儿的角度上,逐步积累才能获得的专业知识。

问题解决:

1. 分析"动机",理解幼儿

佳佳是一个喜欢探索,但不善表达的孩子。她经常对教室中摆放的材料感兴趣,在自由活动的时候她经常独自一人在教室里东瞧瞧、西看看。为了解幼儿的真实想法,我与佳佳的交谈没有采用严厉的口吻,因此很快了解到她出于对新事物的好奇而拿取了捐款箱里面的东西,犯错的动因并不是成人世界中的"偷钱"。

有时幼儿所犯的"错误"在成人世界里非常严重,但在幼儿的心中可能只是出于"好玩",是他们对未知世界的了解方式。

2. 指出"错误",感动幼儿

在了解真正原因后,我改变了谈话的语调严肃地告诉佳佳这样的行为是不对的。"无论是班级的、老师的还是小朋友的个人物品,想要看或者玩都要得到物品主人的同意才行。这是一种文明礼貌的习惯,如果做不到这些,周围的朋友们都会不愿意和你在一起。你愿意变成这样吗?"我们接着围绕"如果喜欢一样东西,但又不是自己的可以用什么办法来解决"的话题进行了谈话,指出对自己感兴趣的事物可以通过提出一起玩、交换玩具等正确的行为来获得。有机会的话可以陪同佳佳一起尝试这些方式,巩固正确行为的体验。

3. 尊重幼儿,选择批评的场合

我选择了在卧室中与幼儿面对面坐下来细心交谈,这不仅缓解了幼儿的紧张情绪。同时,不在公开场合与幼儿交流错误,也保护了佳佳的自尊心,不让事情造成更大的负面影响。

谈话的最后,教师要让幼儿理解,单独谈话是老师在帮助她,教师相信佳佳明白道理以后能做好,并没有想要责怪她的意思。老师最希望看到佳佳的进步。在情感上让佳佳认同,达成一致,才是批评教育有效的关键。

案例分享　如何对待孩子的告状？

我的疑问：

最近每到课间、餐后，我的身边总会围满了"找我"的幼儿。f说："老师，某某小朋友在说话，他脚翘起来了。"一会 d 说："老师，某某小朋友说不喜欢我。"告状的内容基本上都是很平常的小事，为什么幼儿们如此喜欢来报告老师呢！他们来告状的目的是什么呢？面对这些爱告状的幼儿，我该如何处理呢？

专业判断：

告状并不是一件坏事，这证明幼儿相信老师，希望老师对他人的行为有一个公正的评判，给自己一种保护和安慰。如果老师不问青红皂白，以一种不理睬的态度，或是以一种训斥的态度回应，就会伤害幼儿的自尊心，从而使幼儿不再相信老师。

首先对于幼儿告状的动机老师要有一个正确的判断，对于幼儿的个性和心理特点要有一个正确的分析：是为了表现自我？还是寻求帮助？或者是随口说说？分析了告状的原因后，老师及时给予相应的回答以及指导。

问题解决：

1. 针对喜欢表现自我的幼儿

老师应指导其与同伴进行直接沟通。随着幼儿在园生活时间的递增，幼儿的规则意识逐渐提高，当幼儿发现他人的行为有一点违反要求时，就会找老师告状，以此表现自己。面对这样的幼儿，首先要肯定幼儿能够判断出对与错，并鼓励他以后遇到这样的事情，可以直接向同伴指出错误，慢慢学会解决问题。

2. 针对寻求帮助的幼儿

老师应该主持公道。有的幼儿胆子小，解决同伴关系能力较弱，遇到困难或者受了欺负，就自然而然地想寻求老师的帮助。面对这类幼儿，老师应该耐心倾听对方的辩解，为受欺负的幼儿主持公道，使他增强自信，提高自己解决问题的能力。

3. 针对"乱"告状的幼儿

老师要防止幼儿因为想得到老师的表扬或怀有嫉妒心理而乱告状，这会使幼儿的心理畸形发展，老师应该及时纠正。当一幼儿将他人做的正确的事情来告诉老师时，老师应该告诉他这样做是正确的，并和他讲清楚为什么这样做是正确的道理；当幼儿歪曲事实进行告状时，老师要找出幼儿这样做的原因，是想引起老师和同伴的注意，还是嫉妒等，再采取相应的对策。对于嫉妒的幼儿，老师应引导幼儿看到别人的长处，找到自己的不足，不借助别人来评价自己，要通过自己的努力成为同伴们的榜样。要在日常生活中多多鼓励和注意这些幼儿，让他对自己产生自信，而不要停留在嫉妒别人的"怪圈"中。

作为一名教师，任何时候、任何情况下，都要以正确的态度来对待告状的幼儿，以正确、公平的方法来处理幼儿之间的纠纷，从而使他们对老师产生信任感。

案例分享 孩子不愿意担当值日生工作，该如何引导？

我的疑问：

自由活动时，我常常会邀请一个小朋友担当值日生安全员，协助老师共同提醒同伴安全开展游戏,做到不奔跑、不吵闹。每当这个时候,孩子们通常争先恐后地想要担任值日生。面对高举的小手,我看到小宇坐得十分端正便邀请他来担当值日生。小宇毫不犹豫地拒绝说:"徐老师我没有举手,可以不当安全员吗? 我想多玩一会儿。"幼儿的回答让我非常吃惊。

别的幼儿听到了小宇的话也突然间改变了自己的想法,跟着说"我也不想当了"。一时间,原本热门的值日生竟无人愿当。

专业判断:

幼儿的某些行为是一种情绪反应,也是幼儿的心理表征。有时说"不",表明孩子不愿意;有时是胆怯;有时是引起注意……不管是何种原因,我们都应欣喜,孩子长大了,他们在思考,有自己的想法了。孩子有权说"不",当孩子说"不"的时候,教师一定先要了解清楚,他说"不"的真正原因,才能有针对性地采取相应的措施。

老师在评选值日生时明确地给幼儿自主选择的权力,但在挑选对象时却又从教师主观角度出发,指定优秀的孩子担任,这也许是产生案例中问题的原因之一。小宇是个有主见的孩子,在自主选择中并不存在过错,但他的行为却让老师非常被动,也同时造成很多幼儿跟从模仿。

同时,到了大班的确存在类似小宇这样不乐意为集体服务的幼儿,需要教师积极引导,培养责任心。面对这一挑战,新教师要时刻提醒自己学会站在幼儿的角度看问题、思考问题,不仅要尊重幼儿的意见,更要积极有效地引导,塑造幼儿良好性格。

问题解决:

1. 分析问题,了解幼儿

通过幼儿园的微信群,我将事件描述了一下,寻求同伴的指点。有老师告诉我:一个教师不仅要学会尊重幼儿、认同幼儿,更重要的是理解幼儿。当小宇在说"不"的时候,教师就应该想办法了解他这么做的原因,或许是他今天带了喜欢的玩具想与大家一起分享;还是他觉得当小老师没意思,不知道如何提醒幼儿;又或是通过这样的叛逆行为可以更引起老师的关注……

2. 反思自身,调整做法

首先反思自己是否做到了尊重孩子,认同孩子。当我邀请值日生时,似乎是尊重了孩子,但其实最后还是由我来选举,并没有以一个自主的方式展开。

在此之后,我通过网络上的一些资讯,找到一些让幼儿自觉自愿接受任务的方法,并与搭班商量根据幼儿年龄特点调整了班级"值日生"墙。除了图文并茂地提醒每天的小值日生要做些什么以外,新增加了"我是服务小明星"栏目,鼓励幼儿学着评价自己和同伴,在评价的过程中使同伴之间有了互相学习的机会,引发幼儿对承担值日生工作的期待。

通过调整,孩子们参与值日生的工作积极性高了,每当轮到自己值日时,孩子们会"煞有其事"地查看任务,然后将自己的照片插在任务牌前。

3. 针对问题，及时回应

孩子们盲目跟从说"不"时，很可能会引发不良的行为模仿，教师必须及时做出回应。虽然当天我没能妥善地回应幼儿，但再碰到类似的事情我会说："那我们一起来推选一个小朋友来担任今天的安全值日生吧，推选的时候要说说他的优点。"……另外，在积累一定的经验后，我每次提问前，会想好幼儿可能的各种回答，来应对突发情况，以免手足无措。

4. 积极引导，树立榜样

在大班阶段面对经常不愿担当为集体服务的幼儿，教师也需要加以重视，利用值日生工作的契机，培养幼儿初步的责任感。如，组织幼儿讨论值日生的工作、引导幼儿克服各种困难为大家服务、评选"值日小明星"等。这些小活动能够引发幼儿对值日生活动的重视，体验为大家服务的乐趣，激发幼儿不断挑战自我的信心。

案例分享　如何帮助小班幼儿找到自己的座位？

我的疑问：

小班开学初，为了帮助小朋友们找到自己摆放小椅子的位置，我在教室地板上粘贴了三条黄线提示幼儿。

在带班时，我说："请小朋友们找到地上的线放好自己的小椅子。"心想孩子们应该能够看着线找到位置。可是两个星期过去了，每到摆放小椅子的时候教室里总是吵吵闹闹。

星星说:"祁老师,某某抢了我的位置。"

阳阳说:"祁老师,某某不让我放小椅子。"

如何让幼儿又好又快地找到自己的座位呢?

专业判断:

班级常规秩序看似小事,但对于幼儿学习习惯和能力发展的促进十分重要。一些新教师可能对班级常规建立缺乏有效经验,往往忽视自身组织技巧,而将问题归于幼儿。

如案例中,影响幼儿搬椅子吵闹的原因在于教师所提出的行动要求及班级环境对于新进小班来说还不够明确。诸如此类的问题还会发生在一日生活的各种环节组织中,如幼儿排队饮水、如厕、拿取玩具时。都可能因为教师组织指导对象不明确,环境标记提示不到位而发生争吵,从而影响半日活动的整体实施质量。

新教师要提高自身的班务组织能力,针对幼儿年龄特点从细节入手改善环境减少组织过程中的干扰因素,使半日活动组织环环相扣、节奏紧凑,且有利于形成较好的班级氛围。面对这些挑战,新教师必须主动求助有益经验,并在实践中积累经验,寻找出有效方法。

问题解决:

1. 同事交流,获取经验

我找到小班组的其他同事进行交流,年级组长告诉我:由于小班幼儿刚入园,对环节不是很熟悉,需要教师给予幼儿更多的提示,来完成找座位这个任务。例如,小二班老师就选择幼儿熟悉的水果,将幼儿分成不同的水果小组,让幼儿通过找地上的水果标记,迅速找到自己的位置,这引发了我的思考。

2. 班级教师,共同探讨

我和搭班宋老师交流,共同探讨搬椅子的烦恼。分析发现我们在创设班级环境时,只是注重追求统一的班级环节常规要求,未能根据幼儿的年龄特点来创设。借鉴他班的经验后宋老师提出,我们的环境创设应该更加具有"情境性"。于是,我们将幼儿平均分成八个动物组(如:小猫组、小兔组等),每组有四名幼儿。根据幼儿的分组情况,在三条黄线上补充上四种不同颜色的动物形象。这样一来,每位幼儿在搬椅子时,都会找到横线上属于自己的动物头像作为提示,帮助幼儿准确找到座位。

3. 调整环境,反思对策

调整班级环境后,我发现幼儿都能根据动物提示准确找到自己的座位,摆放小椅子的速度有了明显的提高,吵闹声也渐渐消失了。我不仅仅将小动物标记运用到放小椅子的环节,在吃午饭、喝水、分组画画时,都会请宝宝听清楚要求,听清楚是哪一队动物宝宝小组先行动,以此帮助班级幼儿建立良好的常规。

案例分享 大班如何开展值日生工作,激发幼儿的服务意识?

我的疑问:

盥洗时间到了,今天是卿卿担任值日生,只见她走到盥洗室门口,开始了自己的值日生工作。卿卿两手叉腰,对着涵涵凶凶地说:"你错了,你没去洗手,快点去。"我走上前去,轻轻地拍拍卿卿的小脑袋说:"卿卿,你好好地对别人说,别人会更喜欢你这个值日生。"看到这幅情景,我心里充满了不安,班级中的值日生出现了管人的倾向。这不禁让我思索:值日生究竟值什么?在大班如何开展值日生工作,从而真正激发幼儿的服务意识?

专业判断:

值日生工作对幼儿个性品质的形成和发展有着不可替代的作用。它既能培养幼儿的责任感、服务意识,提升生活自理能力,同时还能培养幼儿的合作精神和自信心。但在实际操作中,幼儿往往对值日生缺乏认识,没有感受到担任值日生的光荣,导致了种种问题。

首先教师要让幼儿了解值日生不是管人,在设立值日生工作时教师应抱有同样的理念。在创设值日生工作时,既有值日生必须完成的任务,同时还需有值日生可以选择做的事情。这样不限定的内容,给予幼儿发挥、发展的空间,利于激发幼儿更好地为他人服务。

问题解决:

1. 聆听专家指导

在听了专家老师的建议后,我将班级中的值日生做了以下优化:

① 值日生交接仪式

为了激发幼儿担任值日生的荣誉感,我将每天放学前十分钟定为"值日生交接仪式"时间。在交接仪式中,小朋友要来说说今天值日生为大家服务好的地方，以掌声给予鼓励，并且请第二天担任值日生的小组商量分工。通过这样的活动，让幼儿感受到被他人需要，体验自己的服务被他人肯定、认可的快乐。如在一次交流中，一位幼儿曾说道："我要感谢她，因为我摔了一跤她扶我了一把。"这样朴实的交流，让幼儿着实感受到服务、被服务的快乐，从根本提升幼儿对值日生的理解。

② 评选值日明星小组

大班幼儿合作意识逐渐萌发，于是我通过评选值日明星小组的方法，将大班值日生的目标着眼于合作服务上，从明星个人推到明星小组。在观察中，我往往会发现幼儿为一个喜欢的值日生岗位出现争执，而通过值日明星小组的评选、一次次评选后的交流，激发幼儿协商，更好地分配任务，并且在自主服务中，幼儿会更愿意去服务集体，得到同伴肯定，服务得最好的那组幼儿将被评选为本周的值日明星小组，每周评选一次。通过这样的形式，幼儿相互提醒服务的情况增多了，为了自己小组的荣誉，幼儿往往会提醒别人把值日生工作做得更好。

③ 对集体的要求

专家老师的点评，让我了解到：开展值日生工作不仅仅是要促进值日生的服务意识，教师应该着眼于每个人的自我服务上。抱着这样的心态才能培养出具有强烈服务意识的幼儿，也就是说，当幼儿遇到问题时，他可以先想想自己可以做到哪些事情，而不是全部依赖于值日生。所以在平日的带班中除了对值日生工作提出要求外，我还经常会提出一些对集体的要求，如吃完饭每个人必须先将自己的桌面整理干净，最后由值日生进行打扫；每次排椅子时，小朋友应该先将自己的椅子排整齐后，再由值日生整理；当看到需要帮助的情况，每个人都需要有帮忙的意识。通过这些要求，逐步帮助幼儿建立服务自我、服务他人的意识。

2. 自我反思调整：固定任务＋自主服务模式

通过以往的观察，对于固定任务幼儿有一定服务的意识，但是在规定之外的内容，幼儿有时会出现置之不理的情况，他们往往认为在值日生墙面所呈现的内容是必须做的，而没有的则不需要值日生去完成。于是我采用了"固定任务＋自主服务"的模式对值日生墙面进行了更改，不仅规定了必须完成的四个任务，培养幼儿基本的服务技能，同时也在墙面上增设了一块空白区域，让幼儿把自己自发服务的内容记录在墙面上。墙面的改变大大吸引了幼儿要去服务的主动性，他们开始带着服务的眼睛发现周围，寻找自己还能做哪些服务的事情。

第五部分

每日一问　回归幸福学习的港湾

在实践过程中，我们通过收集新教师在一日活动过程中所遇到的问题，采取以行动研究为主的方法，总结出五种形式的培训，为见习教师培训提供可借鉴的依据。

一、专题讲座式培训

讲座是由组织者开展一系列有针对性的集中培训活动，对新教师教学实践能力进行宏观指导，是一种接受式学习。主讲人通常根据新教师在研究过程中出现的困惑、遇到的难题，对现状进行分析，以讲授与传授某方面的知识、技巧，或改善某种能力、心态的方式，促进新教师专业发展。讲座的优势就是由主讲人向学员针对一个专题进行辅导、讲授、答题、解惑，是一种较为深入的辅导，能使新教师在研究性实践中成长。

案例分享 新生家访

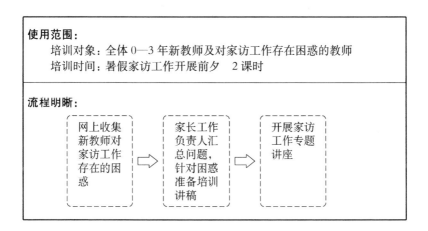

使用范围：
　培训对象：全体0—3年新教师及对家访工作存在困惑的教师
　培训时间：暑假家访工作开展前夕　2课时

流程明晰：
　网上收集新教师对家访工作存在的困惑　⇨　家长工作负责人汇总问题，针对困惑准备培训讲稿　⇨　开展家访工作专题讲座操作要点：
1. 培训主讲人在讲座前期要对新教师家访工作中的实际困惑进行信息采集、汇总，找出新教师家访的困难焦点有针对性地加大讲解力度，或配以案例说明，能提供讲座实效。
2. 新教师对于家访是零经验的，培训开展的时间节点尤为重要，在开展家访活动的前期，能让培训具有实效性和针对性。

培训实录

讲座文稿见本书第三部分（一）如何开展一次有效的家访

二、实践对比式培训

实践对比式培训较多适用于新教师设计活动、文本、案例写作等培训。其"实践设计＋对比分析"的培训模式有别于传统的被动听说模式，能激发新教师的挑战性，有助于提高被培训者在参与过程中的积极性，锻炼新教师的实践反思能力。其出发点在于帮助新教师学习自我评判。从"参考范本"和"个人答卷"的对比中引发思考，层层推进，不断参与实践。

案例分享　　生活活动设计

使用范围：
　培训对象：0—3 年新教师及对生活活动设计存在困惑的教师
　培训时间：1 课时

流程明晰：

操作要点：

1. 在现场设计时，培训组织者要创设相对独立互不干扰的场地，让设计教师有独立思考的空间，保持公正性。
2. 实践设计的内容选择可以在当场进行，也可以事先收集，尽量选择三个年段共同涉及的内容点。
3. 注意合理分配培训时间，现场设计和教案解读的时间建议为 1∶1。
4. 在呈现优秀教案时可作为范本学习，切忌以此为评判标准。主讲人要积极肯定新教师中有价值的设计亮点。

◆ 培训实录：

（一）目前新教师设计生活活动的问题

1. 新教师对生活活动和学习活动特质不了解，难以区分两者差别。

2. 对生活活动实施的时间设计中没有准确的把握。

3. 生活活动设计中，对幼儿生活习惯的认知、练习、巩固等环节缺失。

（二）生活活动设计要点

生活教育活动的结构由三大部分构成,即:感知讨论→实践操作→强化巩固。感知讨论,这是生活教育活动的起始部分。基本策略:(1)利用或创设相适应的生活环境,引导幼儿感知观察;(2)巧设提问,启发幼儿思考讨论。

实践操作,是生活教育活动的主体部分。基本策略:(1)开展多样化的寓学于乐的活动;(2)个人操作体验与相互交流交替进行。

强化巩固,是整个教育活动中十分关键的一环。基本策略:(1)配合使用多种强化的方式、手段;(2)恰当选择强化的时间。

生活活动指导的内容设定要考虑班级幼儿当前生活习惯及经验中存在的问题。其与学习活动的明显区别在于实施时间相对较短,并常渗透于一日活动多个环节。

（三）现场设计生活活动方案

题目:"面油香香"

要求:独立思考,根据本年龄段幼儿的特点进行设计,时间为20分钟

（四）对比解读："上海托幼——面油香香"优秀生活活动设计方案

讨论：1. 小班"面油香香"设计方案目标与范本目标的差异点比较

对比目标制定	
范本目标： 1. 了解涂面油的简单方法：将脸上每个地方都涂到。 2. 知道天冷要保护皮肤。	从目标中可以解读到教师根据小班年龄特点设计活动，第一条为主流目标，突出活动的重点、难点，并指向幼儿能力培养。重点是学习涂面油的简单方法，难点是如何让小班幼儿学习涂到脸上的每个地方。 　　第二条目标指向认知，结合季节粗浅地了解天冷要保护皮肤的常识，突显生活活动能力与习惯的培养。若能在第二条目标前加上"喜欢涂香香"，则更适合小班幼儿。从调动情感入手，让幼从被动到主动，愿意涂香香保护皮肤。
新教师 A： 1. 帮助幼儿学习懂得天冷了要保护皮肤。 2. 逐步养成涂面油的良好习惯。	第一条目标是从教师的角度制定，第二条是从幼儿的角度制定。教师没有以学定教，目标制定缺乏合理性。目标中没有凸显本次活动的重难点，第一条目标比较偏重常识，第二条目标是一条中长程的目标，幼儿在本次活动中到底要达到什么要求比较模糊。
新教师 B： 1. 了解涂面油的简单方法。 2. 知道天冷了，天气干燥要保护皮肤。	能从生活活动的特质制定目标，但需要在分析小班幼儿在涂面油时的经验、困难的基础上制定适宜的目标。

对比目标制定
生活目标制定要点汇总： 1. 生活活动更注重幼儿能力培养，不同年龄段的幼儿能力有其差异性，在目标制定时要具体明确，具有较强的操作性。 2. 定位于良好生活行为的养成和建立，但要凸显一次活动的重难点。 3. 目标定位要适合幼儿的发展，不能忽视生活活动中幼儿情感、态度。

讨论：2. 在环节设计过程中，范本的设计有何值得借鉴之处？

对比环节设计	
范本环节： 1. 猜一猜：激发涂面油的兴趣。 2. 说一说：调动幼儿生活经验。 3. 做一做：学学涂面油的方法。 4. 活动延伸：日常巩固。	环节设计不仅点出活动的形式，更写明活动的目的。提醒教师每一个环节实施的主要目的，要和目标匹配，做到紧密联系，有效落实。
新教师A： 1. 儿歌导入 2. 认识面油 3. 示范涂面油	环节标题反映活动的主要形式和内容，欠缺活动目的。
新教师B： 1. 猜一猜、闻一闻 2. 讨论什么时候要涂面油 3. 练习如何涂面油	环节标题有的从形式出发，有的从目的出发，缺乏统一的定位。
生活活动环节设计要点汇总： 1. 在环节标题设置上，格式要统一，建议点明环节落实的目的，以便在实施中增强目的意识。 2. 过程紧扣幼儿生活经验，把握源于生活、用于生活的理念。 3. 环节中创设练习的机会，根据年龄特点，关注细节，强调生活技能的获得。 4. 延伸活动，重视后续的观察和巩固。	

三、网络互动式培训

网络互动式培训是利用视频、论坛、博客等各种网络资源,加强园长、教师、家长之间的紧密联系。在实现资源共享的过程中,使培训成为更广泛辐射的开放性活动。通过网络把最优秀的教育理念、教学方法传播给每一个教师。拉近新教师个体之间及新教师群体与其他教师群体之间的距离,增加交流机会,扩大交流范围,直接促进新教师的主动学习。

案例分享 家长的需求

使用范围:
培训对象:幼儿园全体教师
培训时间:渗透于每月日常,不定期

流程明晰:

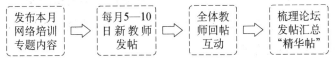

发布本月网络培训专题内容 ⇨ 每月5—10日新教师发帖 ⇨ 全体教师回帖互动 ⇨ 梳理论坛发帖汇总"精华帖"

操作要点:
1. 网络互动式培训推广前期幼儿园要制定相关的制度保障,如:1—3年教师每月5 10日间前发帖等。
2. 幼儿园相关教研培训管理部门要及时跟进管理和支持,对园内积极发帖和回应教师给予表彰,确保在幼儿园内建立良好的互动氛围。
3. 幼儿园园长、保教主任等也可以积极参与,在教师无法解答疑问时给予支持和专业指引。
4. 由专人管理编辑"主题精华帖",它的存在是让网络培训有别于一般的幼教论坛的点睛之笔。"主题精华帖"充当着整个网络培训的主导角色,为网络培训的专业性提供保障。

◆ 培训片段

网络发帖：

新教师：黄老师

新教师对于家长工作经验不足，家长会提出各种需求，我该如何解决呢？例如有一个家长开学初向我提出，希望孩子能睡在卧室靠近窗口的位置，我遵照家长的要求做了。可半学期过去，家长又提出希望睡上铺，希望教师能进行调整。我该不该给孩子换床铺呢？

一楼回帖：大教研组长　宋老师

教师首先要了解家长想换床铺的原因。如果是合理的那应该做好服务工作。如果是不合理的要求，就不要满足。但是做解释工作的时候要诚恳，要和家长说清楚不能调换的原因。

二楼回帖：成熟教师型　陈老师

其实，你应该先与家长沟通，让他想一想如果是换成其他家长你会怎么想，每一个午睡的位置都是教师在开学前精心安排的，都有一定的教育意图。如，有些特需儿童需要教师就近指导，让家长感到你的用心与专业。

三楼回帖：科研助理　汪老师

分析家长想换床的要求是否合理，如果不合理就不能答应。可与家长诚恳交流，换位思考，想一想如果每个家长都像他那样提出换床要求，换到他喜欢的床，那教师该怎么办呢？另外，让家长理解午睡时幼儿睡眠习惯与质量比床位更重要。

四楼回帖：新教师

∙∙∙∙∙∙∙∙∙∙∙∙

大教研组长"主题精华帖":

问题：面对家长的各种要求,新教师该如何回应？

策略一：对家长的要求合理性做出判断……

策略二：用科学的方法解释教师行为,达成教育共识……

回应家长时把握的要点：1. 换位思考,体谅家长

2. 解决问题,态度诚恳

四、伙伴合作式培训

伙伴合作式培训是建立在平等对话的基础上开展的一种培训活动,在这里,青年、骨干教师、园长均在同一平台上,是研讨"伙伴",共同分享实践智慧。园长或教研组长,不是信息或标准答案的"发布者",而是一个智慧的伙伴。而主持人则作为一个专业引领者,在整个培训对话中引导研讨问题的展开,并站在更专业的角度就问题的本质引发"伙伴"共同思考,梳理经验。新教师在伙伴合作式培训中通过与他人互动提高专业自信,在对话中生成新的经验和智慧。园长、教研组长等也能通过交流活动更多地了解新教师的思维模式与特点。

案例分享 交流分享

使用范围：
培训对象：0—3 年在个别化学习指导中存在困惑的新教师
培训时间：1 课时

流程明晰:

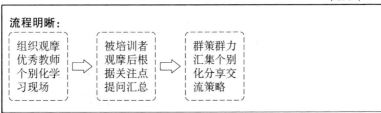

操作要点:

1. 在培训中主持人要明确把握角色,适时地提出质疑,把话语权传递给新教师,让新教师感受到每个教育行为没有绝对的是非对错,而是要基于幼儿的具体情况或者教育价值取向而做出合理的判断。
2. 新教师在工作初期往往虚心好学,在模仿优秀的过程中会出现知其然,不知所以然的情形。伙伴合作式培训,要重视分析策略背后的原因,避免新教师单纯的模仿,帮助新教师在今后的工作中自省。
3. 在分析过程中可适当地采用媒体回放分析,有助于新教师将实践经验和理论知识有效转化,帮助理解。同时视频和讨论相间的培训方法也能消除被培训者的听觉疲劳。

◆ **培训实录片段:**

问题 1. 教师如何进行个别化学习交流的开场引导语?

伙伴 A: 在推出新材料时,可以提问:今天玩了什么新游戏? 怎样玩的? 这样可以让个别幼儿的介绍,引发更多幼儿对新材料的关注与兴趣。

伙伴 B: 如果已经玩了一段时间,有共性问题、想丰富新玩法,可以提问:今天游戏中有什么新玩法? 又有了什么新的发现? 推动幼儿新的学习与探索。

伙伴 C: 除了单纯用语言开场引导,我们还可以直接用幼儿的作品等实物引出,既直观又能引发幼儿的兴趣。

主持人: 连续关注幼儿能提高观察的有效性,又能培养幼儿在活动中的坚持与专注,有利于养成幼儿良好的学习习惯。

问题 2. 用什么方法才能让幼儿积极参与分享交流?

伙伴 A: 个别化学习分享交流的方法很多,可以有集体、分组,甚至是个别交流,教师可以根据观察到的情况灵活运用。

伙伴 B: 经常鼓励幼儿,让幼儿体验到分享的成功喜悦,给予一些幼儿交流前的适度帮助,出示幼儿的记录帮助梳理经验。

伙伴 C: 在交流前给予幼儿 4 分钟准备时间,幼儿先与同伴进行分享,再进行集体交流。

追问: 为什么想到要预留 4 分钟时间让幼儿与同伴进行分享?

解读: 准备时间可以满足大班幼儿的需求,与同伴进行更多的交流,为后续大胆完整交流做能力储备,满足更多幼儿表达的需求。在这个过程中,教师也可以提出要求,激发幼儿去思考"你是怎么玩的?"在长时间的坚持后,相信幼儿的表达能力和倾听能力会有很好的发展。

问题 3. 如果在分享交流中个别幼儿对讨论的问题不感兴趣,教师该怎么做?

伙伴 A: 教师应关注全体幼儿,如果有个别幼儿不感兴趣,我们可以与他进行个别的交流。

解读: 分享交流捕捉的讨论点是否是有价值,是否符合大部分幼儿的需要是影响幼儿是否认真倾听的重要原因之一。假如只是个别感兴趣的幼儿问题,在集体前进行分享则会降低幼儿倾听的兴趣。

伙伴 B：使用猜一猜的方法，制造悬念激发幼儿兴趣。

解读：针对幼儿由于心理特点及生理特点，在一段时间的倾听后，自然产生听觉疲劳，而猜一猜可引发幼儿新的兴奋点。

伙伴 C：在大班分享交流中，教师可以预设话题，更要关注幼儿自己的问题。可以预留一部分时间，让幼儿提问。

解读：好奇好问是幼儿与生俱来的特点，教师要积极保护幼儿的这些品质。同时也让教师更了解孩子的真实想法，追随孩子的兴趣。

五、情景模拟式培训

情景模拟式培训是通过创设情境，引导新教师在活动和体验中反思自己的经验与观念，在交流和分享中学习他人的长处，产生新的思想，达到新的认识，从而实现自我提高，并能采取行动改善现状。在参与的氛围中，让教师亲身体验主动、合作、探究学习的喜悦和实践中的困惑，以达到自身观念、态度和行为上的改变，并能将所学运用于自己的教育教学工作中。它强调问题情景下的高层次学习，触及情感，引发思考生成问题，是具有情景化（有具体事件的，有背景的，有产生原因的）、开放性（鼓励多元化、观点的冲突与碰撞）、有思维价值（不是简单的实行，要能够激发思考）的活动。通常使用的方法有：录像分析、角色扮演等。

案例分享 　　午餐指导

使用范围:

　　培训对象:0—3 年新教师

　　培训时间:1 课时

流程明晰:

下发《教师一日生活指导手册》自学 ⇒ 收集新教师对本次重点研读环节的主要困惑 ⇒ 情景模拟与应答梳理有针对性的指导小贴士

操作要点:

1. 提前公告情景模拟内容,有利于新教师积极地利用身边资源提高自己的专业素养,更有利于幼儿园和谐文化的建立。
2. 在交流中肯定新教师点滴的积极表达,力求将条文式操作要领与实际工作现场挂钩,着重帮助新教师把工作理念化为实际可操作的专业行为。
3. 将有益经验梳理成小贴士,不断增补教师一日工作指导手册,让手册更完善、具有个性。

◆ **培训前的准备工作:**

　　1. 一周前要求新教师自主阅读《教师一日活动指导手册》,收集不明白或在实践组织中遇到的问题。

　　2. 根据集中问题,拟定情境模拟题目,进行网上公示发布。

　　3. 新教师可采用师徒交流、班级实践、网上冲浪等方法,多种途径准备应对方案。

◆ 培训实录片段：

（一）解读生活手册中的午餐指导环节

豪园幼儿园一日活动教师指导手册（大班）		
组织环节	组织要点	组织小贴士
午餐	带班教师： 1. 进行餐前教育，建立必要的进餐规则。 2. 组织幼儿盥洗。 3. 营造良好的就餐环境。 4. 提醒幼儿文明安静地进餐，细嚼慢咽。 5. 如幼儿因能力有限而打翻饭菜、弄脏衣物等，不要指责幼儿或抱怨，而应教会幼儿避让并及时协助清理。 6. 保持桌、地面、碗三干净。 7. 养成饭后漱口好习惯。 8. 将用好碗筷摆放整齐，用毛巾把脸部、手部擦干净。 9. 先吃好的幼儿安静活动，注意安全提醒。 保育教师： 10. 肥胖儿先喝汤，适当加些蔬菜；鼓励体弱儿不挑食。 11. 了解幼儿的身体情况，联系保健教师准备好病号餐。	1. 教师组织幼儿餐点需洗手。 2. 指导幼儿正确用餐，注意用餐完毕的幼儿安静活动，尽量不影响未吃完的幼儿。 3. 做好交接班工作再去用餐。

（二）情景模拟：

主持人：在组织今天的培训前，收集了新教师自主阅读手册后提出的问题，针对教师比较集中的午餐指导环境，采用情境模拟的方式进行互动。

案例情境:

午餐时间 11 点 30 分左右,在中班发现幼儿用餐情况有差异,有几个幼儿还没有吃好,有的在挑菜里的洋葱,有的很小口地吃着还东张西望。大部分幼儿已经吃完午餐在游戏区自由活动。

提问: 如果是带班班主任,如何兼顾自由活动的孩子,以及进餐慢的孩子?

教师 A: 我觉得碰到这样的情况教师站位十分重要,我会站在用餐区帮助吃饭慢的幼儿,鼓励他加油。但在指导过程中,我不断地用眼神巡视,并用语言提醒自由活动中需要关注的幼儿。我还会请一个值日生来帮助我一起管理用餐结束自由活动的幼儿。

教师 B: 我会注意下一次请幼儿分批用餐,在邀请的时候根据幼儿的进餐速度,先请那些吃得慢的幼儿,最后请吃得快的幼儿。在进餐过程中,我也会有效地进行观察和指导,不仅关注那些吃得慢的幼儿,更会提醒吃得快的幼儿,过快用餐对身体不好。这样就能缩小时间差,提高安全性。同时,对于吃得快进入自由活动区的幼儿,我会尽量选择目光能兼顾的位置,以确保安全,并组织和提醒孩子们要安静游戏。

教师 C: 造成这样的情况的主要是班级里一些动作慢的幼儿,我会针对他们采用一系列的措施如家园配合指导、运用生活教育情境鼓励等。我觉得要分析幼儿吃得慢的原因。班里一个小年龄的幼儿吃得很慢,我观察发现其实是他刚升中班对于使用筷子不熟练。因此,针对这样的特例我就给他准备了调羹,但在学习区跟进对他使用筷子的指导。

分析：

在指导手册上看似简短的一句话，其实需要新教师在每一天中不断学习、用心实践。出现种种问题时，简单地催促幼儿，收效甚微。因此新教师指导手册的培训，通过把教师熟悉的、身边的、习以为常的教学情境作为载体，来实践演示分析，帮助新教师自我反思，突破教育行为的瓶颈，有效提高实战能力。

梳理午餐组织小贴士：

1. 根据幼儿用餐速度调节用餐先后次序，缩小差距，关心指导用餐特别快的幼儿细嚼慢咽。

2. 注意午餐指导站位，视线必须兼顾两个区域幼儿，不因为对个别幼儿的纠正而忽视集体安全，必要时可请保育员配合。

3. 不简单催促幼儿用餐，能分析了解幼儿用餐慢原因（情绪或身体不佳、挑食、缺乏筷子使用技能），根据需要分别对待。

后 记

　　本书从《新教师每日一问的培训设计研究》课题逐渐转化为正式出版物，凝聚了专家们智慧的结晶，教科研团队的心血，是一本能够切实帮助新手教师专业从教的指导用书。在研究过程中，我和我的团队曾就一个个点反复推敲，花了大量的精力，最后又一次次在自我质疑中推翻重来。我也曾和教师们无数次聚集在会议室里反复研讨、无数次在教学现场反复揣摩，最后又一次次在成功的曙光中收获那一分欣喜与感动。这本书是我和我的团队向自己交出的一份成长的答卷，在著书过程中记录了大家辛勤的汗水与思考积累的足迹。希望这本书能成为新手教师的启蒙书籍，帮助他们在问题中成长，在成长中蜕变。

　　本研究得到了多位领导、专家的帮助与指导。没有你们就没有在大家面前的这一本厚重的成果，是你们的智慧点亮了我们的研究之路。

　　感谢上海市教育功臣、上海市学前教育研究所常务副主任郭宗莉导师，不仅传授给了我们许多宝贵的研究经验，还鼓励我们将课题成果根据见习教师规范培训事项 18 点要求转化为问题式的培训课程。

感谢上海市教育科学规划领导小组办公室劳南怡老师,在课题研究过程中,她全程参与、全情投入。在我们迷失方向时,她用智慧启发我们,在我们遇到挫折时,她用笑容鼓舞我们,没有她的指导和帮助,就没有今天这份成果。

感谢上海市徐汇区乌鲁木齐南路幼儿园园长龚敏导师,是您不断的鼓励、细心的叮嘱,才让我有勇气将培训课程整理出书,进一步得到推广。没有您的帮助,可能大家无缘看到本书。

本书中的所有案例皆来源于一线工作的新教师,本书也记载了他们成长过程中的困惑与蜕变,在此我要感谢这些可爱的青年教师,没有你们的发问,就没有点燃智慧的火焰。

在这里还要感谢我们的见习指导教师宋晨雯、汪霞、徐函篆……正是因为她们凭借一腔无私奉献的热血,对见习新教师案例耐心地指导完善,才有了这份融合集体智慧的结晶。

期待本书能给予同行以启迪和帮助。当然,也难免有疏漏之处,敬请各位批评指正。

图书在版编目(CIP)数据

助力起航:幼儿园见习教师规范培训的课程实践/俞文珺主编.—上海:上海三联书店,2020.5
ISBN 978-7-5426-6816-5

Ⅰ.①助… Ⅱ.①俞… Ⅲ.①幼教人员－师资培养
Ⅳ.①G615

中国版本图书馆 CIP 数据核字(2019)第 286594 号

助力起航：幼儿园见习教师规范培训的课程实践

主　　编 / 俞文珺

责任编辑 / 徐建新 37967738@qq.com
装帧设计 / 未了工作室
监　　制 / 姚　军
责任校对 / 张大伟　王凌霄

出版发行 / 上海三联书店
　　　　　(200030)中国上海市漕溪北路 331 号 A 座 6 楼
邮购电话 / 021-22895540
印　　刷 / 上海惠敦印务科技有限公司

版　　次 / 2020 年 5 月第 1 版
印　　次 / 2020 年 5 月第 1 次印刷
开　　本 / 890×1240　1/32
字　　数 / 200 千字
印　　张 / 9.5
书　　号 / ISBN 978-7-5426-6816-5/G·1544
定　　价 / 48.00 元

敬启读者,如发现本书有印装质量问题,请与印刷厂联系 021-63779028